Herderbücherei *Pädagogik*

Band 9055

W0319243

Über das Buch

Viele Lehrer leiden darunter, keine so guten Pädagogen zu sein, wie sie eigentlich wollten. Dieses Problem, hervorgerufen durch Disziplinschwierigkeiten und fehlende Motivation der Schüler, durch Ärger mit den Eltern, Konflikte mit Kollegen und Vorgesetzten, stellt vielfach eine ernste Beeinträchtigung der psychischen Gesundheit von Lehrern dar.
Das vorliegende Taschenbuch richtet sich an alle diejenigen Lehrer, die trotz dieser schwierigen Lage nicht resignieren, sondern sinnvolle Arbeit für ihre Schüler leisten wollen. Es bietet seine Hilfe nicht in Form von Verhaltensanweisungen, sondern von Anregungen, die konkret genug sind, daß sie jeder Lehrer unter Berücksichtigung der jeweiligen besonderen Umstände anwenden kann.
Selbständigkeit, Eigeninitiative und Kreativität des Lehrers sollen angeregt werden. Aber letztlich muß jeder Lehrer seinen Weg zu einer für ihn befriedigenden beruflichen Arbeit finden.

Über den Autor

Hans-Christian Thalmann, geboren 1943 in Gleiwitz. Nach der Ersten Dienstprüfung für den Volksschuldienst zweieinhalb Jahre Lehrer. Danach studierte er Pädagogik, Psychologie und Geschichte in Tübingen. 1972 wurde er Dozent für Verhaltensgestörtenpädagogik an der PH Reutlingen, seit 1974 Dozent (seit 1976 Professor) für Allgemeine Pädagogik an der Pädagogischen Hochschule Esslingen.

Pädagogik für die Praxis in der Herderbücherei

Nachschlagewerke

:::::: 9001	Wörterbuch der Schulpädagogik, 384 Seiten
.::: 9009	Wörterbuch der Berufs- und Wirtschaftspädagogik, 288 Seiten
.::: 9016	Wörterbuch der Pädagogischen Psychologie, 304 Seiten
::::: 9035	Wörterbuch der Vorschulerziehung, 336 Seiten
::::: 9042	Wörterbuch zum Religionsunterricht, 272 Seiten
:::::: 9047	G. Kuhlemann, Schulpädagogische Literaturkunde, 224 Seiten

Allgemeine Pädagogik

.:: 9013	W. Mitter (Hrsg.), Pädagogik und Schule im Systemvergleich, 160 Seiten
:: 9014	H. Müller (Hrsg.), Modernes Schulmanagement, 128 Seiten
.::: 9017	W. Potthoff/A. Wolf, Einführung in die Strukturbegriffe der Erziehungswissenschaft, 288 Seiten
.::: 9026	Günter R. Schmidt, Autorität in der Erziehung, 192 Seiten
::::: 9044	H. Dietz, Jugend im Niemandsland, 160 Seiten

Pädagogische Psychologie

.::: 9040	G. Melzer, Sozialisation in der Schule, 144 Seiten
.::: 9041	D. Trempler (Hrsg.), Legasthenie – neue Wege der Heilung, 160 Seiten
::::: 9043	K. Joerger, Einführung in die Lernpsychologie, 192 Seiten
::: 9045	J. Jahnke, Motivation in der Schulpraxis, 128 Seiten

Schulpädagogik

.::: 9018	G. Heinelt, Kreative Lehrer – kreative Schüler, 160 Seiten
.::: 9024	N. Rückriem, Disziplin in der Schule, 160 Seiten
.::: 9025	M. Wöbcke, Suchtgefährdete Schüler, 208 Seiten
.::: 9030	W. Potthoff/A. Wolf, Konflikte in der Schule, 160 Seiten
.::: 9033	G. Oestreich, Kinder zwischen Angst und Leistung, 144 Seiten
:::: 9034	H. Kamm/E. H. Müller, Hausaufgaben – sinnvoll gestellt, 176 Seiten
.::: 9036	Waldorfpädagogik in öffentlichen Schulen, 144 Seiten
.:::: 9038	K. Hornich, Praxis der Orientierungsstufe, 160 Seiten
:::::: 9039	R. Ulshöfer/Th. Götz (Hrsg.), Praxis des offenen Unterrichts 240 Seiten
.::: 9046	H. Müller, Gastarbeiterkinder in der Schule fördern, 144 Seiten
.::: 9050	C. Claussen (Hrsg.), Einschulung und Erstunterricht, 144 Seiten

Außerschulische Pädagogik

.::::: 9027	W. Niggemann, Praxis der Erwachsenenbildung, 224 Seiten

Vorschulerziehung

.::: 9005 Das Kind im Vorschul- und Grundschulalter, 208 Seiten
:: 9006 H. Deißler, Verschulter Kindergarten, 128 Seiten
::: 9011 N. Huppertz, Elternarbeit vom Kindergarten aus, 160 Seiten
:::::: 9048 D. Höltershinken (Hrsg.), Frühkindliche Erziehung und Kindergartenpädagogik, 240 Seiten
.::: 9049 N. Hupperts, Elternmitsprache im Kindergarten, 144 Seiten
:::: 9051 A. Grömminger, Bilderbücher in Kindergarten und Grundschule, 144 Seiten
.::: 9052 E. Ellwanger/A. Grömminger, Märchen – Erziehungshilfe oder Gefahr?, 128 Seiten

Sport

.::: 9010 H. Rösch/Th. Lautwein, Praxis des Sportunterrichts, 144 Seiten
:::: 9015 C. Krimm-von Fischer (Hrsg.), Musikalisch-rhythmische Erziehung, 176 Seiten

Leseerziehung/Medienkunde

.::: 9003 G. Oestreich, Erziehung zum kritischen Lesen, 160 Seiten
:: 9019 Erziehung zum Buch, 128 Seiten
:: 9021 E. Wasem, Medien der Schulpraxis, 128 Seiten
.:: 9022 A. Grömminger/G. Ritz-Fröhlich, Umgang mit Texten in Freizeit, Kindergarten und Schule, 160 Seiten

Deutsch

.::: 9028 O. Beck/F. J. Payrhuber (Hrsg.), Aufsatzbeurteilung heute, 160 Seiten
::::: 9029 R. Ulshöfer, Politische Bildung im Deutschunterricht, 208 Seiten
.::: 9032 K. Abels (Hrsg.), Neue Wege im Deutschunterricht, 160 Seiten
:: 9007 H. Müller, Überwindung von Sprachbarrieren, 128 Seiten

Geschichte/Gemeinschaftskunde

::::: 9023 R. Ulshöfer (Hrsg.), Politische Bildung – ein Auftrag aller Fächer, 272 Seiten
:::: 9031 K. Pellens, Schülernaher Geschichtsunterricht, 176 Seiten
::::: 9037 D. Grosser (Hrsg.), Politischer Unterricht, 240 Seiten

Mathematik

.::: 9004 V. Hole, Erfolgreicher Mathematikunterricht, 192 Seiten
::: 9020 J. Lauter/R. Röhrl, Kummer mit der neuen Mathematik, 160 Seiten

Hans-Christian Thalmann

Den Schulalltag bestehen

Psychohygiene des Lehrerberufs

Herderbücherei

Originalausgabe
erstmals veröffentlicht als Herder-Taschenbuch

Alle Rechte vorbehalten – Printed in Germany
© Verlag Herder Freiburg im Breisgau 1978
Herder Freiburg · Basel · Wien
Herstellung: Freiburger Graphische Betriebe 1978
ISBN 3-451-09055-4

Inhalt

„Ich möchte Lehrer werden, weil mir der Umgang mit Kindern Freude macht, weil der Lehrerberuf abwechslungsreich ist und mir die Möglichkeit gibt, selbständig und eigenverantwortlich zu arbeiten und vielleicht durch die Erziehung von Kindern ein wenig die Gesellschaft zu verändern."

(Aus einer Befragung von PH-Studenten im Rahmen einer Übung zum Thema Lehrerrolle)

„Hätte ich geahnt, was mich in der Schule erwartet, wäre ich nie Lehrer geworden."
„Daß es in der Schule schwer werden würde, hatte ich schon als Studentin erwartet; was mich jedoch am meisten belastet, ist, daß ich mich in der Schule ständig so verhalte, wie ich es nie wollte und eigentlich nicht vor mir selbst verantworten kann."

(Aus Gesprächen mit Junglehrern nach viermonatiger Berufstätigkeit)

1. Einleitung

Den Beruf des Lehrers auszuüben, das scheint heute in einem Maße schwierig zu sein wie nie zuvor. Diese Feststellung ist zunächst banal, da zu jeder Zeit die aktuellen Probleme die schwierigsten sind, vergangene Probleme als weniger gravierend angesehen werden. Andererseits kann die in jüngster Zeit in großer Fülle erschienene Literatur zu Lehrerproblemen als Indiz dafür genommen werden, daß die Schwierigkeiten, die mit der Lehrerrolle verbunden sind, zumindest in einem Ausmaß bewußt geworden sind wie früher nicht. Dabei ist die so zahlreich vorhandene Literatur dem Lehrer wenig hilfreich bei der Bewältigung der Probleme. Vielfach wird die Situation des Lehrers analysiert, die Widersprüche und Konflikte des Lehrerberufs werden auf historische, politisch-gesellschaftliche und in der Institution Schule liegende Ursachen zurückgeführt; das ist sicher ein notwendiger erster Schritt zur Bewältigung von Problemen, doch führt die Analyse allein eher zur Resignation des Lehrers in der Schulpraxis, wenn ihm keine Hilfen zur Umsetzung der Kritik in eigenes Handeln gegeben werden.

Auch das Aufzeigen von Gegenmodellen zum bestehenden Schulsystem hat wenig Relevanz für die alltägliche Praxis des Lehrers; diese Modelle können zwar zeigen, daß Schulen auch anders organisiert werden können als derzeit üblich, und sie können dazu motivieren, langfristig auf eine Veränderung der gegenwärtigen Schule hinzuarbeiten, bezogen auf seinen Schulalltag aber müssen sie dem Lehrer als schöne Utopien erscheinen.

Eher hilfreich, aber auch gefährlich sind „Methodenlehren", die aufzeigen, wie man am besten unterrichtet, wie man Disziplinschwierigkeiten vermeidet oder löst, wie man am effektivsten auf Eltern eingeht. Sie vermitteln dem Lehrer – und das soll nicht abgewertet werden – Techniken, machen aber keine Aussagen über die Erziehungsziele, die damit angestrebt werden sollen. Ein Lehrer, der sich nur als Unterrichtstechniker versteht, aber wird zum – vielleicht sogar erfolgreichen – Manipulator von Schülern, aber auch selbst zum Manipulierten im Schulsystem. „Der sogenannte

‚Gute Lehrer' (im Sinne des guten Unterrichtstechnikers, d. Vf.) wird zum Alibi für unzulängliche Schulreformen und Lehrpläne."[1] Der Schulalltag mag so zu überstehen sein, eine Identifikation des Lehrers mit seiner Arbeit im Sinne einer nicht entfremdeten Tätigkeit wird aber nicht möglich sein.

Man könnte den Schluß ziehen, daß die Analyse und Bewußtmachung der Rollenproblematik des Lehrers diesem seine Arbeit nur schwerer gemacht hat, und sich nach den Zeiten zurücksehnen, in denen die Institution Schule noch weitgehend fraglos akzeptiert wurde, in denen die Eltern schulfreundlicher, die Schüler disziplinierter und die Lehrer selbstsicherer waren. Solch nostalgische Gedanken mögen manchen Lehrer bewegen, der in der täglichen Praxis mit aufreibenden Schwierigkeiten zu kämpfen hat; konservative Kulturpolitiker machen sie sich zu eigen, um in der Schule eine kritische Pädagogik zu unterdrücken (und damit ihre eigenen politischen Vorstellungen durchzusetzen). Wenn – wie es z. B. ein Kultusminister fordert – „Vertrauen" und „echte Autorität" wieder Grundlage der Arbeit in der Schule werden sollen[2], so werden damit sicher wichtige pädagogische Begriffe angesprochen, doch werden sie fragwürdig, wenn dadurch die Konflikte, die in der Schule gegeben sind und die die Schwierigkeiten des Lehrers in so hohem Maß bedingen, verschleiert und verdrängt werden.

Der Lehrer muß vielmehr in die Lage gesetzt werden, sich mit den Konflikten in der Schule auseinanderzusetzen, ihre Ursachen zu erkennen und an ihrer Lösung zu arbeiten. Eine Verdrängung von Konflikten führt nicht zu ihrer Auflösung, sondern sie zieht irrationale, unberechenbare Reaktionen der am Konflikt Beteiligten nach sich. Insofern ist eine Pädagogik, die auf die Wiederherstellung eines früheren – in nostalgischer Rückerinnerung verklärten – Bildes vom Lehrer und seiner Arbeit abzielt, denkbar ungeeignet, um diesem Hilfen bei der Bewältigung seiner Rollenprobleme zu geben. Wenn die pädagogische Arbeit des Lehrers in der Schulklasse entpolitisiert werden soll, wenn die Schulklasse innerhalb des Schulsystems isoliert wird als die „eigentlich interessante Ebene, an der über das Schicksal der Schüler und den Erfolg der Bemühungen des Lehrers entschieden wird"[3], so werden dadurch strukturelle Probleme personalisiert; dem Lehrer wird alle Verantwortung für ein mögliches Scheitern seiner Bemühungen aufgebürdet, ohne daß die im Schulsystem liegenden Ursachen der Probleme aufgedeckt werden. Damit soll die Bedeutung der Arbeit in der Schulklasse nicht geschmälert werden; vielmehr muß die Verflechtung von zwischenmenschlichen, schulorganisatorischen und gesellschaftspolitischen Problemen gesehen werden, die zusammen und in gegenseitiger Verflechtung Ursachen für die Schwierigkeiten des Lehrers sind.

Die Gründe für die Probleme des Lehrerberufs sind vielfältig. So kann nachgewiesen werden, daß der Lehrer – trotz Hochschulausbildung – gesellschaftlich nicht voll als Akademiker anerkannt wird[4], was zu Statusunsicherheit führt. Ein anderer Grund wird in der fehlenden bzw. nur unzureichend gelungenen Professionalisierung des Lehrerberufs gesehen[5]. Verunsichert wird der Lehrer auch durch gesellschaftliche Vorurteile gegenüber seiner Arbeit[6]. Der mangelhafte Bezug zwischen theoretischer Ausbildung und der praktischen Arbeit des Lehrers und eine unzureichende Lehrerfortbildung können als Gründe genannt werden, ebenso wie die Stellung des Lehrers innerhalb der Institution Schule, die eine selbständige, eigenverantwortliche Arbeit sowie eine fruchtbare Kooperation mit Kollegen erschwert und die Beziehung zu den Vorgesetzten belastet[7]. Darüber hinaus wird die Arbeit des Lehrers beeinträchtigt durch die große Häufigkeit von Verhaltensstörungen und Disziplinschwierigkeiten der Schüler[8] und durch schichtenspezifisch bedingte Kommunikationsprobleme zwischen Lehrern einerseits und vielen Schülern und Eltern andererseits[9].

Diese Gründe dürfen nicht isoliert betrachtet werden, sie bedingen sich wechselseitig, und sie wirken sich als tägliche Belastung im Schulalltag auf den Lehrer aus. In seiner Person zentrieren sich die unterschiedlichen Erwartungen der Gesellschaft, der Schüler, Eltern, Kollegen und Vorgesetzten. Im Lehrer personalisieren sich auch die Widersprüche zwischen theoretischem pädagogischem Anspruch und der Wirklichkeit seines Berufs. Diese Widersprüche auszuhalten und trotzdem noch produktive, nicht entfremdete, befriedigende Arbeit zu leisten, scheint das zentrale Problem des Lehrerberufs zu sein.

Viele Lehrer scheitern an diesen Schwierigkeiten: einige geben ihren Beruf auf – allerdings sehr wenige, da sich Lehrern kaum berufliche Alternativen eröffnen –, andere zeigen psychische oder psychosomatische Krankheitssymptome. Die meisten Lehrer „arrangieren“ sich mit ihrer Situation, d. h., sie sehen in ihrem Beruf einen Job, eine Möglichkeit, Geld zu verdienen und mit möglichst geringem Kraftaufwand das Pensionsalter zu erreichen, oder sie verabsolutieren einen Teil ihrer pädagogischen Aufgabe, um darin Befriedigung finden zu können (so kann ein Lehrer in seiner Fachwissenschaft oder in reiner Unterrichtsmethodik sein Hauptarbeitsfeld sehen)[10]. Wieder andere nützen ihre disponible Zeit für aufwendige Hobbies oder gesellschaftliche Aktivitäten. Dieses „Sich-Arrangieren“ kann vielfach als Zeichen von Resignation angesehen werden, als Versuch, die Rollenproblematik des Berufs auf eigene – allerdings nicht wünschenswerte Weise – zu lösen. Nicht wünschenswert sind diese Lösungsformen deshalb, weil der Lehrer in der Schule mit der Erziehung von Kindern und Jugendlichen betraut ist, denen er auf diese Weise nicht voll gerecht werden kann. Ein halbherziges oder verengtes Verhältnis des Lehrers zu den Erziehungszielen ist einerseits der heranwachsenden Generation gegenüber nicht verantwortbar, andererseits schlägt eine unbefriedigende schulische Sozialisation wieder direkt auf den Lehrer zurück: Desinteresse, Disziplinschwierigkeiten, Verhaltensstörungen und Lernprobleme sind die Reaktionen der Schüler, die dann dem Lehrer das Leben wieder schwermachen.

Der Lehrer muß sich also, will er den Schulalltag bestehen, auch der gesamten Problematik seiner beruflichen Rolle stellen. Aus den einleitenden Ausführungen dürfte deutlich geworden sein, daß der Lehrer im vorliegenden Band keine Rezepte und Patentlösungen erwarten darf; dazu sind die Probleme des Lehrerberufs zu komplex. Trotzdem soll versucht werden, einige Anregungen zu geben, die vielleicht eine Hilfe sein können, in der Schule nicht nur zu überleben, sondern zumindest ansatzweise befriedigende Arbeit zu leisten, die der Lehrer vor sich und seinen Schülern verantworten kann.

Im vorliegenden Band sollen zunächst einige wichtige Aspekte der Lehrerrolle kurz aufgezeigt und diskutiert werden. Eine eingehende Analyse kann hier nicht geleistet werden; dazu muß auf die bereits vorliegende Literatur verwiesen werden.

Fragen der Lehrerbildung, besonders das Verhältnis zwischen Theorie und Praxis, sollen danach erörtert werden. Dabei wird vor allem aufgezeigt werden, inwieweit der Lehrerstudent selbst sich schon während seiner Ausbildung auf die Praxis einstellen könnte.

Die zentralen Teile der Arbeit sollen die Beziehungen zwischen dem Lehrer und seinen wichtigsten Interaktionspartnern, den Schülern, Eltern, Kollegen und Dienstvorgesetzten, analysieren und Möglichkeiten einer sinnvollen Arbeit aufzeigen. Dabei darf es – wie oben dargelegt wurde – nicht so sehr um Rezepte oder Methoden gehen, sondern die Vorschläge müssen immer vor dem Hintergrund der angestrebten Erziehungsziele betrachtet werden. Sicher basieren manche Vorschläge auf dem Einsatz von Zeit und gutem Willen beim Lehrer, sicher sind manche aufgezeigten Möglichkeiten nur von Lehrergruppen oder Lehrerkollegien aufzugreifen und zu realisieren; andererseits erhebt der vorliegende Band keinen Anspruch darauf, alle Möglichkeiten einer effektiven und befriedigenden beruflichen Arbeit des Lehrers aufzuzeigen; er möchte vielmehr einige Vorschläge machen, die vom einzelnen Lehrer aufgegriffen, abgeändert oder vielleicht weitergeführt werden können. Es sollen einige Anregungen gegeben werden, wie der Lehrer seine – wohlgemerkt kleinen – Freiräume in der Schule nutzen kann, um sowohl schülergerechter als auch selbst weniger entfremdet arbeiten zu können.

2. Zur Problematik der Lehrerrolle

Der Begriff der Rolle hat in der Soziologie eine zentrale Bedeutung zur Erklärung sozialer Erwartungen und sozialen Verhaltens. Es kann hier kein Abriß der soziologischen Rollentheorie gegeben werden, aber es muß doch auf die Wichtigkeit des Rollenbegriffs im Zusammenhang mit Problemen des Lehrerberufs hingewiesen werden. Nach der Definition von Dahrendorf sind „soziale Rollen Bündel von Erwartungen, die sich in einer gegebenen Gesellschaft an das Verhalten des Trägers von Positionen knüpfen"[11]. Dabei ist der Beruf eines Menschen das vielleicht wichtigste Kriterium zur Bestimmung seiner Position: „Wo einer in der Gesellschaft ‚steht', welches Prestige er genießt... ist vorwiegend durch seinen Beruf bestimmt."[12] Der einzelne kann sich den Rollenerwartungen nicht entziehen, da er sonst gesellschaftliche Sanktionen befürchten muß. Andererseits sind die Rollenerwartungen nicht nur als Zwang für den Rollenträger zu sehen, dem er sich unterwerfen muß, sondern er wächst – selbst Mitglied dieser Gesellschaft und vertraut mit deren Erwartungen – über Erziehung, Berufsausbildung und berufliche Tätigkeit in seine Rolle hinein, die gesellschaftlichen Erwartungen werden Teil seines eigenen Selbst, „der Mensch versteht sich selbst und erlebt sich als substantiell identisch durch die Rollen, in denen eine Gruppe ihn fixiert"[13]. Nach den Rollenerwartungen der Bezugsgruppen zu handeln, sich entsprechend zu verhalten wird konstitutiv für die eigene Identität, für das Bewußtsein des einzelnen von sich selbst.

Inwieweit die Rolle jedoch vom einzelnen akzeptiert werden kann, inwieweit sie nicht nur als Zwang zur Anpassung empfunden wird, hängt davon ab, wieviel Spielraum dem einzelnen in seinem Rollenverhalten bleibt, inwiefern er – ohne Sanktionen befürchten zu müssen – die Rollen interpretieren und mit seinen eigenen Bedürfnissen in Einklang bringen darf. Die Fähigkeit, zwischen den angesonnenen Rollenerwartungen der Bezugsgruppen und persönlichen Bedürfnissen des Individuums eine Balance zu halten, bezeichnet Krappmann als Ich-Identität, als Leistung des Individuums, sich in den sozialen Beziehungen mit anderen selbst zu verwirklichen[14].

Bezogen auf dic Lehrerrolle, wird also in diesem Kapitel darzulegen sein, welche gesellschaftlichen Erwartungen an den Beruf des Lehrers gestellt werden, welche Freiräume sie ihm lassen und wie sie das Selbstbild des Lehrers bestimmen. Die gesellschaftlichen Erwartungen drücken sich jedoch nicht nur in genau formulierbaren und formulierten Normen und Vorschriften von Vorgesetzten, Anforderungen und Wünschen von Eltern und Schülern aus, sondern auch in eher unbewußten Vorurteilen und Klischeebildern vom Lehrerberuf, die z. T. sogar im Widerspruch zu den bewußten Anforderungen an den Lehrer stehen und damit in besonderem Maße die Lehrerrolle problematisch werden lassen. Darauf soll in diesem Kapitel anhand bereits vorliegender Literatur eingegangen werden.

2.1 Gesellschaftliche Klischeevorstellungen vom Lehrer

Adorno hat in einem Vortrag unter dem Titel „Tabus über dem Lehrerberuf“ [15] einige in der Gesellschaft existierende Klischeevorstellungen vom Lehrer aufgegriffen und analysiert. Sie sind eher irrational, unbewußt, zum Teil sicher nicht mehr in ihrer ursprünglichen Bedeutung gültig; sie scheinen aber doch auch heute noch das Bild vom Lehrer in der Gesellschaft mitzuprägen. Wenn Adorno das Bild vom Lehrerberuf mit den Attributen Hungerleider, Prügler, erotisch kastriert, infantil und weltfremd versehen sieht, so mag das auf den ersten Blick unrealistisch, der Vergangenheit angehörend erscheinen, doch sind im gesellschaftlichen Verständnis Relikte davon am Lehrer haftengeblieben, die das Selbstbild des Lehrers beeinträchtigen können. Diese Behauptung soll im folgenden begründet werden.

2.1.1 *Der Lehrer als Hungerleider*

Im Lied vom armen Dorfschulmeisterlein, das sich auf Rechnung anderer verköstigt und betrinkt, sich vom eigenen Gehalt aber nur einen halben Hering leisten kann, ist das Bild vom Lehrer als Hungerleider noch gegenwärtig; die Realität heute jedoch widerspricht diesem Bild. Der Junglehrer beginnt seine Laufbahn in der Gehaltsstufe A 12 als Grund- und Hauptschullehrer oder A 13 als Studienassessor, das heißt, er verdient zumindest über 2000 DM netto im Monat und ist durch seinen Pensionsanspruch zusätzlich im Alter abgesichert. Allerdings wurde diese recht gute finanzielle

Absicherung für den Volksschullehrer erst im letzten Jahrzehnt durch mehrere Aufstufungen in der Besoldungsgruppe – die wohl hauptsächlich aufgrund des damals vorherrschenden Lehrermangels zustande kamen – erreicht. Zwar war auch in der Zeit davor der Lehrerberuf kein Hungerberuf mehr, doch unterschied sich das Einkommen des Lehrers erheblich von dem anderer akademischer Berufe. Ärzte, Juristen und Akademiker in der freien Wirtschaft waren lange Zeit finanziell sehr viel besser gestellt als Lehrer – dementsprechend war auch der Mangel an Lehrern besonders in den naturwissenschaftlichen Fächern sehr hoch.

Mit dem Image äußerer Armut, das heute sicher nicht zutreffend ist, verband sich das Image geistiger Armseligkeit, das vielleicht bis heute – zumindest in bezug auf den Volksschullehrer – geblieben ist. Nicht selten äußern Leute, die eine Schullaufbahn schon früh abbrechen mußten, ihr Bedauern darüber, daß sie nicht Lehrer geworden seien. Dabei schwingt die Vorstellung mit, daß der (Volksschul-)Lehrerberuf eine überbezahlte, geistig nicht sehr anstrengende Tätigkeit sei, die viel persönliche Freizeit beinhalte. Hier schlägt die Klischeevorstellung vom Lehrer als Hungerleider um in die Meinung, daß der Lehrer für wenig Leistung zu gut verdiene. Auf dieser Linie liegen sicher auch die Überlegungen, die Lehrergehälter zu kürzen oder einzufrieren. In dem englischen Sprichwort „who can does, who cannot teaches" drückt sich die gesellschaftliche Geringschätzung für den Lehrerberuf aus: der Lehrer ist zwar auch in den Augen der anderen kein Hungerleider mehr, aber eigentlich verdiente er es aufgrund seiner Arbeit zu sein. Es muß zudem darauf hingewiesen werden, daß die derzeitig geübte Praxis, Junglehrer nur mit Teildeputaten einzustellen, diese tatsächlich fast zu Hungerleidern macht.

2.1.2 *Der Lehrer als Prügler*

Prügler und Steißtrommler als herabsetzende Bezeichnungen für den Lehrer sind kaum noch zu hören, der Begriff Pauker – obwohl gleichen Inhalts – ist jedoch noch sehr verbreitet. Auch das Image des Lehrers als Prügler scheint zunächst jeder Grundlage zu entbehren. Nach dem Verbot der Körperstrafe wird in den Schulen heute sicher gar nicht mehr oder nur sehr selten ein Schüler geschlagen. Körperliche Züchtigungen werden vielleicht dann und wann einmal im Affekt, jedoch kaum mehr als Erziehungsmittel eingesetzt. Trotzdem bezeichnet Adorno das Klischee vom Lehrer als Prügler als wichtigstes Tabu über dem Lehrerberuf[16]. Er sieht die Ursache darin, daß der Lehrer es in seinem Beruf mit Kindern, also mit physisch Schwächeren, zu tun hat. Diese zu erziehen und zu unterrichten erfordert in den Augen der Gesellschaft ein hohes Maß an physischem und psychischem Zwang. Auch nach Abschaffung der Körperstrafe steht der Schule und dem einzelnen Lehrer eine Reihe von Sanktionsmitteln zur Verfügung, wie Strafarbeiten, Arrest, Benachrichtigung der Eltern bis hin zum Schulausschluß. Der Lehrer hat darüber zu wachen, daß die Schüler regelmäßig zum Unterricht kommen, daß sie ihre Hausaufgaben erledigen; er prüft, zensiert, beurteilt, tadelt, lobt. Er ist – heute mehr denn je – zum sozialen Chancenverteiler geworden, von dessen Urteil in den Augen von Kindern, Eltern und Gesellschaft der weitere Lebensweg eines Kindes weitgehend abhängt. Dieser Funktion kann sich der Lehrer nicht entziehen, da er durch seinen Dienstvertrag auf sie verpflichtet wurde. In dieser Funktion aber wird er von Schülern und Eltern vielfach gefürchtet.

Im Lehrer personalisieren sich die Zwänge des Schulsystems. Der einzelne Schüler und seine Eltern geben die Schuld an Schulstreß, Schulangst und Schulversagen dem einzelnen Lehrer. Die Gesellschaft delegiert – so Adorno [17] – die Ausübung von Gewalt an den Lehrer und verleugnet sie gleichzeitig in ihm. Das bedeutet, die Lehrer werden zum „Exekutivorgan der Leistungsgesellschaft“ [18] gemacht, sie werden gezwungen, Schüler mit Zwang zu erziehen; gleichzeitig aber wird die Schule zum Schonraum hochstilisiert, in dem der Schüler noch ungestraft Fehler machen dürfe, in dem ein persönlicher Bezug, gegenseitiges Vertrauen und Verständnis herrschen, in dem der Lehrer nur das Beste für jeden Schüler wolle. Damit aber müssen Zwangsmaßnahmen, Strafen, Disziplinkonflikte, Schulangst als Symptome pädagogischer Unfähigkeit einzelner Lehrer (oder der Böswilligkeit einzelner Schüler) angesehen werden. Die Mängel des Schulsystems werden psychologisiert als persönliches Versagen von Lehrern, Schülern und Eltern.

Schüler und Eltern erleben die Schule als Unterdrückungsinstanz, den Lehrer folglich als Unterdrücker. Unterschwellig schwingt – so Adorno – dabei auch noch der Vorwurf der Unfairneß mit, da der Lehrer seine Macht nicht gegenüber Erwachsenen, sondern gegenüber Kindern, also Schwächeren, ausübt. Da erscheint es nur allzu verständlich, wenn Kinder sich auf ihre Weise dem Zwang widersetzen, wenn sie undiszipliniert sind, dem Lehrer Streiche spielen, ihn betrügen. Nicht umsonst werden die Lehrerkarikaturen in den Paukerfilmen vom Publikum mit Schadenfreude belacht. Man kann also festhalten, daß das Bild vom Lehrer als Pauker auch heute noch gültig ist, wenn auch die Methoden der Machtausübung durch den Lehrer eher psychologischer denn physischer Art sind.

2.1.3 *Die sogenannte Infantilität des Lehrers*

„Nicht für die Schule, sondern für das Leben lernen wir“, heißt ein alter lateinischer Sinnspruch. Demnach hat die Schule eine Schule des Lebens zu sein. Der Lehrer hat die Aufgabe, den Heranwachsenden die Realität des Lebens zu vermitteln, sie auf das Leben vorzubereiten. Er ist Vermittler und Repräsentant der Erwachsenenwelt für die Kinder. Andererseits ist der Lehrer – wie Adorno es sieht – der Gefahr ausgesetzt, durch den ständigen Umgang mit Kindern den Kontakt zur Erwachsenenwelt zu verlieren, die Schule für das Leben zu halten. Zusätzlich wird diese Tendenz verstärkt durch die Tatsache, daß Lehrer das Leben außerhalb der Schule kaum kennen: der Lebensweg der meisten Lehrer führt von der Schule über die Hochschule zurück zur Schule.

Die Gefahr, die aus dem fast ausschließlichen Umgang des Lehrers mit Kindern erwächst, beschreibt Bernfeld: „Er (der Lehrer, d. Vf.) ist in der pädagogischen Paargruppe zweimal enthalten: als Kind und als Erzieher. So steht der Erzieher vor zwei Kindern: dem zu erziehenden vor ihm und dem verdrängten in ihm.“ [19] Das heißt, das zu erziehende Kind bedeutet für den Lehrer eine Aufforderung, eigene unbewältigte Kindheitsprobleme noch einmal zu wiederholen. Damit ist der Lehrer in der Gefahr, seine Schüler so zu behandeln, daß es der eigenen Konfliktentlastung dient, ohne daß ihm selbst dies bewußt wird. Der Lehrer verhält sich dann zu seinen Schülern nicht wie ein Repräsentant der Erwachsenenwelt, sondern als Gleicher unter Gleichen – ob er nun deren Anerkennung sucht, indem er mit ihnen Fußball spielt oder sich als besonders trinkfest zeigt, oder ob er durch besonders „einfallsreiche“ Strafen oder durch aufgesetzt würdevolles Verhalten seine Autorität zur Geltung bringt; die letztere Haltung kann als unzulänglicher Kompensationsversuch angesehen werden, sich das fehlende Ansehen unter Erwachsenen bei seinen Schülern zu verschaffen.

Die Gefahr, als infantil angesehen zu werden, liegt jedoch – ohne tiefenpsychologisch argumentieren zu müssen – schon im Beruf des Pädagogen an sich. Er arbeitet ja nicht an einer Sache um ihrer selbst willen, sondern er pädagogisiert die Sache, die er vermittelt, das heißt, er bereitet sie „kindgerecht“ zu. Dies könnte eigentlich als bedeutende Leistung angesehen werden, doch verbinden sich mit Begriffen wie Elementarbildung oder volkstümliche Bildung wohl eher Vorstellungen von einer Verfälschung der Realität: das Kind kann die Realität noch nicht begreifen, deshalb müsse der Lehrer sie ihm vereinfacht, teilweise verfälscht, darbieten. Der Lehrer arbeitet in der Schule weder wissenschaftlich noch für die Gesellschaft sichtbar produktiv; seine Arbeit mit Kindern wird deshalb als wenig nutzbringend und wertvoll eingeschätzt.

Die Tendenz, einen Berufsstand mit seiner „Klientel" zu identifizieren, wurde vor allem in der Sozialpädagogik festgestellt. So wie die Arbeit der Sozialpädagogen mit Außenseitern der Gesellschaft weniger geschätzt wird als die Arbeit mit „Normalen", so läßt sich auch in der öffentlichen Meinung eine Prestigeskala feststellen, die vom Hochschullehrer über den Gymnasial-, Haupt- und Grundschullehrer hinab zum Sonderschullehrer reicht: je erwachsener und intelligenter die zu Unterrichtenden sind, als desto wertvoller wird auch die Arbeit des Lehrers eingeschätzt. Überlegungen zur Schaffung von Stufenlehrern mit unterschiedlich langer Ausbildung und abgestufter Bezahlung sowie die zeitweilig geübte Praxis, in Schnellkursen ausgebildete Hausfrauen in der Grundschule einzusetzen, belegen diese Einschätzung der Lehrerarbeit durch die Öffentlichkeit. Daß Lehrer in der Öffentlichkeit mit ihren Schülern identifiziert werden, zeigt auch die Tatsache, daß weibliche Lehrer überwiegend in der Grundschule, ihre männlichen Kollegen aber in der Hauptschule eingesetzt werden. Die Frau wird in der Gesellschaft als eher emotional denn rational denkend und handelnd und damit der kindlichen Psyche näherstehend angesehen[20].

Der Vorwurf der Infantilität gegenüber dem Lehrer hat also zwei Ursachen: einerseits steht er durch den Umgang mit Kindern ständig in der Gefahr, seine eigenen Kindheitsprobleme nochmals durchzuspielen, andererseits wird ihm durch die Gesellschaft „Teilhabe an der sozialen Unmündigkeit seiner Schüler"[21] zugeschrieben.

2.1.4 *Probleme im Gefühlsleben des Lehrers*

Sehr viele Erwachsene, aber auch schon die Schüler sehen Gerechtigkeit als die größte Tugend eines Lehrers an. Im Rückblick auf die Schulzeit schneiden die „strengen, aber gerechten" Lehrer meist am besten ab. Sicher ist Gerechtigkeit in hohem Maße wünschenswert, doch stellt die Forderung nach Gerechtigkeit den Lehrer in der Praxis vor schier unlösbare Probleme. Richtet der „gerechte“ Lehrer sein Verhalten, Lob und Tadel, seine Notengebung und seinen Umgang mit den Schülern allein an der schulischen Leistung und an gesetzten Regeln und Normen aus, so gerät er in die Gefahr, gefühllos und kalt zu sein, kein Verständnis für persönliche Probleme einzelner Schüler zu haben, das heißt aber, dem einzelnen nicht gerecht zu werden. Versucht er andererseits, auf einzelne Schüler einzugehen, Sympathie zu zeigen, so wird er von anderen Schülern rasch als ungerecht empfunden; man wirft ihm vor, einzelne Schüler zu bevorzugen. Selbst dem Vorwurf sexuell perverser Neigungen ist der Lehrer viel eher ausgesetzt als die Inhaber der meisten anderen Berufe. Aus diesem Dilemma, einerseits gerecht, objektiv, distanziert, andererseits wohlwollend, freundlich, warmherzig sein zu sollen, gibt es für den Lehrer in der praktischen Arbeit kaum einen Ausweg; und es ist nur schwer möglich, einen Kompromiß zu finden. Die Forderung nach gefühlsmäßiger Indifferenz läßt den Lehrer – so Adorno – „erotisch verkrüppeln“[22]. Der Lehrer unterdrückt seine Gefühle, dadurch aber werden die Gefühle zwischen Lehrer und Schüler entpersönlicht[23]. Die Forderung an den Lehrer, Vorbild zu sein, sich seinen Schülern als Identifikationsobjekt anzubieten, kann sich nicht mehr auf die ganze Person beziehen, sondern sie schließt die emotionale Seite des Menschen aus. Der Lehrer gerät dadurch in die Gefahr, seine Gefühle zu verleugnen, indem er sie rationalisiert: ein Lehrer gesteht sich zum Beispiel Aggressionen gegen einen Schüler nicht ein, sondern er bestraft (ein pädagogisches Mittel) ihn „zu dessen eigenem Besten“. Positive Gefühle zeigt der Lehrer möglichst nur im Zusammenhang mit guten Schulleistungen; so werden auch Gefühle von Zuneigung zu einem Schüler versachlicht. Der Lehrer stilisiert sich selbst gegenüber seinen Schülern leicht zu einem Muster an Rationalität und Gerechtigkeit hoch, was durch seinen Wissensvorsprung und durch seine Funktion als Prüfer und Beurteiler noch verstärkt wird.

Die Schüler aber spüren sehr genau, daß der Lehrer ihnen nicht als ganze Person gegenübertritt, sondern seine Emotionen verdrängt – und sie reagieren allergisch darauf: wenn Mädchenklassen versuchen, einen Lehrer zum Erröten zu bringen, wenn durch Disziplinlosigkeit ein Lehrer in Wut gebracht werden soll, so sind das sicher Versuche der Schüler, die verdrängte emotionale Seite des Lehrers kennenzulernen, zu sehen, ob er auch Gefühle hat. Ebenso ist das Aufdecken von Eigenheiten des Lehrers und der Gebrauch von Spitznamen zu verstehen als Brandmarkung seiner

Unvollkommenheit durch die Schüler (wobei in feinen Nuancen durchaus noch zwischen Zu- oder Abneigung einem Lehrer gegenüber unterschieden wird). Die ambivalenten Rollenerwartungen von Schülern, Eltern und Vorgesetzten dem Lehrer gegenüber stellen für dessen emotionales Verhalten eine permanente Belastung dar, zumal er sich während des Unterrichts ständig von einer Vielzahl von Schülern beobachtet sieht.

2.1.5 *Zum Problem der Feminisierung des Lehrerberufs*

Der Anteil der Frauen im Lehrerberuf ist in den letzten Jahrzehnten ständig gestiegen. In Volks-, Real- und Sonderschulen dürfte er heute etwa zwei Drittel, in Gymnasien deutlich über ein Drittel betragen[24]. Das ist einerseits darauf zurückzuführen, daß sich den Mädchen zunehmend höhere Bildungschancen eröffneten; daß Frauen aber vor allem den Lehrerberuf und seltener andere akademische Berufe wählen, hängt andererseits mit speziellen Faktoren des Lehrerberufs und mit einem speziellen Bild der Gesellschaft sowohl von der Frau als auch von der Lehrertätigkeit zusammen.

Die Ausbildung zum Volksschullehrer war lange Zeit sehr viel kürzer als andere akademische Studien. Sie stellte daher einen Kompromiß dar zwischen der alten Auffassung, daß Frauen, wenn verheiratet, ihren Beruf aufgeben und deshalb zu große Investitionen für eine Berufsausbildung unzweckmäßig seien, und der neueren Auffassung, nach der auch Mädchen auf höhere schulische und berufliche Bildung einen Anspruch haben. Darüber hinaus schien (und scheint auch heute noch) die Volksschullehrerausbildung weniger geistige Fähigkeiten zu erfordern als andere Studiengänge. Das Bild vom geringeren geistigen Niveau des Volksschullehrers paßt hier zusammen mit dem Bild von den geringeren geistigen Fähigkeiten der Frau, deren Rolle in der Gesellschaft als „emotional, nicht rational, passiv statt kämpferisch, praktisch und konkret, doch nicht theoretisch und in größeren Zusammenhängen denkend"[25] gesehen wird. Dementsprechend wählen auch Frauen an den Universitäten eher philologische Fächer mit dem Berufsziel einer Lehrertätigkeit an höheren Schulen, da das „Schöngeistige" der (neu)philologischen Fächer – auch hierbei handelt es sich natürlich um ein Klischee – sowie die Arbeit mit Kindern und Jugendlichen im „Schonraum" Schule ihrer „Natur" eher entgegenkommt als die auf Rationalität basierenden Naturwissenschaften und der Konkurrenzkampf in der Wirtschaft. Auch für Frauen, die ihre Berufstätigkeit als Ehefrauen und Mütter beibehalten oder nach einigen Jahren der Beurlaubung wiederaufnehmen, scheint der Lehrerberuf günstige Bedingungen zu schaffen. Er wird vielfach als Halbtagsarbeit angesehen – mit freiem Nachmittag, vielen Feiertagen und langen Ferien, so daß er genügend Zeit für die Versorgung von Haushalt und Familie übrigläßt.

Diese Vorstellungen vom Wesen der Frau einerseits, vom Lehrerberuf andererseits ergänzen sich wechselseitig, verhindern aber sowohl eine volle Emanzipation der Frau als Lehrerin als auch eine gesellschaftliche Aufwertung des Lehrerberufs. Der Lehrer – und hier wieder mehr der Grund- und Hauptschullehrer als der Studienrat – scheint eine Tätigkeit auszuüben, die geistig nicht sehr anspruchsvoll, nicht besonders anstrengend und (zu) gut bezahlt ist. Die Numerus-clausus-Praxis bei der Zulassung zum Studium hat dieses Bild sicher noch gefestigt. So haben die männlichen Lehrerstudenten im Reifezeugnis deutlich schlechtere Durchschnittsnoten als die weiblichen [26]: der Mann zieht sich aus Berufen zurück, in die die Frau eindringt [27]. All diese Tatsachen sagen wenig über das tatsächliche Niveau und die Leistung des Lehrers aus, sie zeigen aber deutlich, welches Bild sich die Gesellschaft vom Lehrer macht; und da scheint ein Beruf, der großenteils oder überwiegend von Frauen ausgeübt wird, weniger Prestige zu besitzen als Berufe, die eine Domäne der Männer geblieben sind. Es muß hinzugefügt werden, daß auch in der Schule die leitenden Funktionen meist von Männern besetzt werden.

2.2 Der Lehrer als Beamter

Historsich gesehen bedeutet die Verbeamtung des Lehrerstandes eine Befreiung von direkter Bevormundung durch den Pfarrer und die kirchliche Schulaufsicht. Die größere Anonymität staatlicher Schulaufsicht gab ihm ein bedeutendes Mehr an Selbständigkeit und Freiheit in der Ausübung seines Berufs; gleichzeitig stellte die Verbeamtung eine gewisse Absicherung des Lehrers in Notzeiten und im Alter dar. Allerdings verlangte der Staat als Gegenleistung von seinen Beamten absolute Loyalität, fraglosen Gehorsam, Pflichtbewußtsein und Disziplin.

Eine allmähliche Aufwertung des Volksschullehrers als Staatsbeamter erfolgte erst am Ende des neunzehnten Jahrhunderts, als Preußens Monarchie Gefahren für ihren Bestand in einer sich formierenden Arbeiterbewegung sah. Jetzt schien es notwendig, auch die Kinder der unteren Schichten auf die bestehende Gesellschaft hin zu erziehen, um sie zu kontrollieren und möglichen Revolutionen vorzubeugen. Dazu schien eine auf den Staat verpflichtete und von ihm kontrollierte Lehrerschaft notwendig. Der Lehrer wurde also zum Staatsbeamten, als die Schule zur Regelagentur wurde, das heißt, als sie eine lebenswichtige Instanz wurde zur Reproduktion der bestehenden Gesellschaft[28]. Mit der Verbeamtung und anderen Vorteilen mußte sich die Lehrerschaft demnach auch einer neuen Herrschaft unterordnen. Dies mag dem einzelnen Lehrer nach dem Zweiten Weltkrieg weniger bewußt geworden sein. Die Radikalenerlasse der letzten Jahre mit der Konsequenz der Nichteinstellung von Junglehrern und der Entlassung von Lehrern wegen ihrer politischen Überzeugung machen jedoch die Abhängigkeit des Lehrers als Beamter erneut deutlich. In der „Allerhöchsten Ordre" des deutschen Kaisers Wilhelm II. vom 1. Mai 1889 heißt es:

„Schon längere Zeit hat Mich der Gedanke beschäftigt, die Schule in ihren einzelnen Abstufungen nutzbar zu machen, um der Ausbreitung sozialistischer und kommunistischer Ideen entgegenzuwirken. In erster Linie wird die Schule durch Pflege der Gottesfurcht und der Liebe zum Vaterland die Grundlage für eine gesunde Auffassung auch der staatlichen und gesellschaftlichen Verhältnisse zu legen haben... Sie muß bestrebt sein, schon der Jugend die Überzeugung zu verschaffen, daß die Lehren der Sozialdemokratie nicht nur den göttlichen Geboten und der christlichen Sittenlehre widersprechen, sondern in Wirklichkeit unausführbar und in ihren Konsequenzen dem Einzelnen und dem Ganzen gleich verderblich sind."[29]

Die heute gebräuchliche Gesinnungsüberprüfung im öffentlichen Dienst steht durchaus in der Tradition dieser Kaiserlichen Ordre. Sie weist den Lehrer heute mehr denn je als Beamten preußischer Provenienz aus, für den Unterordnung wichtiger als Meinungsfreiheit ist – eine in einem demokratischen Staat nicht unbedenkliche Erscheinung.

Die meisten Lehrer mögen sich nicht als Beamte im negativen Sinne fühlen. Diese negative Klischeevorstellung vom Beamten beinhaltet einen am Schreibtisch stur seine Dienstzeit absitzenden, Akten wälzenden, für persönliche Regungen unempfänglichen, auf seine Beförderung wartenden entpersönlichten Menschen, der Befehle von oben ungeprüft und kritiklos nach unten weitergibt. Dieses Klischee trifft sicher nicht auf den Lehrer zu; doch bedeutet seine Einordnung in die schulische Hierarchie, seine Verpflichtung auf die Einhaltung von Schulgesetzen, ministeriellen Erlassen, Schulordnungen und Konferenzbeschlüssen doch ein hohes Maß von beruflicher Anpassung und Unfreiheit, das ihn deutlich von freien akademischen Berufen unterscheidet. Während der Arzt, der Rechtsanwalt oder der in der freien Wirtschaft Tätige sich – aus der Sicht der Gesellschaft – dem Konkurrenzkampf stellt, ist der Lehrer in der Beamtenhierarchie gesichert, aber auch vermauert[30]. Er stellt sich nicht dem Risiko, kann zwar nichts verlieren, aber auch nichts gewinnen. Gegenüber dem beamteten Juristen oder Hochschullehrer fehlt dem Lehrer der berufliche Umgang mit Erwachsenen und die Entscheidungs- bzw. Lehrfreiheit; beides wird in der Öffentlichkeit wesentlich höher bewertet als das Unterrichten von Kindern und Jugendlichen[31].

Man kann also festhalten, daß der Beamtenstatus dem Prestige des Lehrers in der Öffentlichkeit eher abträglich ist und daß eine Dequalifizierung des Lehrers durch die gegenwärtige Praxis der Überprüfung von Lehramtsanwärtern auf ihre Verfassungstreue noch verstärkt wird (an den Hochschulen kann man feststellen, daß sich viele Studenten nicht mehr öffentlich für berechtigte Interessen engagieren, weil sie befürchten, aufgrund dessen nicht in den Schuldienst übernommen zu werden).

2.3 Die Stellung des Lehrers in der schulischen Hierarchie

Im vorangehenden Kapitel wurden einige Probleme der Lehrerrolle aufgrund des Beamtenstatus des Lehrers angeschnitten. Als Beamter aber ist der Lehrer in die schulische Hierarchie eingeordnet, durch welche die Arbeit des Lehrers weitere Belastungen erfährt. Die folgenden Ausführungen lehnen sich an einen Aufsatz von Peter Fürstenau an, in dem die Schule als Beispiel für das klassische Modell der Verwaltungsbürokratie dargestellt wird[32].

Die Verwaltungsbürokratie ist ein System von einander übergeordneten Ämtern mit jeweils fest umrissenen Befugnissen. Die je übergeordnete Instanz trifft die für die unteren Instanzen verbindlichen Entscheidungen und kontrolliert deren Ausführung. Die unteren Instanzen müssen ihre Arbeit gegenüber den Vorgesetzten verantworten. Ihre Arbeit wird durch genaue Verhaltensvorschriften geregelt. Dieses System ist dann effektiv, wenn die unteren Instanzen uniforme, das heißt sich nicht verändernde Arbeitsverrichtungen auszuführen haben und wenn der Gegenstand, an dem gearbeitet wird, unverändert der gleiche bleibt. Erfordert dagegen die Arbeit der unteren Ebene eine ständige Anpassung an neue Arbeitsbedingungen, erfordert sie soziale Fähigkeiten, Kommunikation und Kooperation, so stellt die Verwaltungsbürokratie ein Hemmnis für eine effektive Arbeit dar.

In der Schule ist diese Situation gegeben, trotzdem ist sie – so Fürstenau – nach dem klassischen Verwaltungsbürokratiemodell organisiert. Der Lehrer ist an Lehrpläne, vor allem aber an eine Fülle von Dienstvorschriften und Erlassen gebunden, die ihn bei seiner täglichen Arbeit behindern. Als Beispiel sei die Vorschrift genannt, nach der Schüler bei gutem Wetter die Pause im Freien verbringen müssen. Diese an sich sinnvolle Regelung – frische Luft tut den Schülern gut – kann in einzelnen Situationen jedoch unpädagogisch und sinnlos sein. So berichtete mir ein Sonderschullehrer, daß die Schüler seiner Klasse Angst vor der Großen Pause hatten, da sie hier regelmäßig von älteren Mitschülern gequält und geschlagen wurden. Der Lehrer organisierte daraufhin Pausenaktivitäten im Klassenzimmer; es wurde vorgelesen, gespielt, oder es wurden Schallplatten gehört. Die Schüler nahmen großenteils mit Freude daran teil. Nach einer Woche jedoch untersagte der Schulleiter diese Aktivität mit dem Hinweis auf einen Erlaß, nach dem die Schüler sich in der Pause in der frischen Luft aufzuhalten hätten. Dieses kleine Beispiel könnte durch viele ähnliche ergänzt werden (z. B. Schüler müssen fünf Minuten vor Unterrichtsbeginn im Klassenzimmer sein, nicht früher und nicht später). Solche Beispiele zeigen, inwiefern genaue Verwaltungsvorschriften in einer Verwaltungsbürokratie eine pädagogisch sinnvolle Arbeit behindern können. Für den Lehrer stellen solche Regeln und Normen eine massive Beeinträchtigung der Ausführung seiner pädagogischen Absichten dar. Setzt er sich über die Vorschriften hinweg, muß er Schwierigkeiten mit seinen Vorgesetzten befürchten, hält er sie ein, gerät er leicht in Konflikt mit seinen eigenen pädagogischen Intentionen. Da der Lehrer bei Vorgesetzten und Kollegen angesehener ist, wenn seine Arbeit unauffällig und reibungslos abläuft, entscheiden sich die meisten Lehrer im Laufe der Zeit dafür, durch das genaue Einhalten der vorgegebenen Normen und Vorschriften sich Schwierigkeiten zu ersparen. Diese Haltung bestimmt auch das Verhältnis des Lehrers zu seinen Kollegen. Anstatt mit ihnen zu kooperieren, mit ihnen eigene Schwierigkeiten zu besprechen, was ihm vielleicht bei der Überwindung seiner Probleme helfen könnte, bevorzugen die meisten Lehrer die geschlossene Klassenzimmertür, denn ein Lehrer, der Schwierigkeiten mit seiner Klasse hat, könnte von Kollegen und Vorgesetzten als schlechter Lehrer angesehen werden, er könnte an Prestige verlieren. Deshalb werden eigene Probleme verschwiegen, man versucht, den Lärmpegel der eigenen Klasse so niedrig zu halten, daß er nicht nach außen dringt. Der Kontakt zu den Kollegen beschränkt sich auf freundlich-unverbindliche Gespräche im Lehrerzimmer, manchmal auf gemeinsames Klagen über einen besonders schwierigen Schüler. Hilfe bei eigenen Schwierigkeiten aber wird gar nicht erwartet und deshalb auch nicht gesucht. Natürlich bedeutet der Umgang mit erwachsenen Kollegen einen Ausgleich für die Arbeit mit den Kindern, doch werden die Möglichkeiten einer echten Kooperation bisher kaum genutzt, was weniger auf die fehlende Initiative einzelner Lehrer als auf das Bürokratiemodell Schule zurückzuführen ist. Man könnte sagen, daß der Kontakt unter Kollegen bisher eher kompensatorischen als für die berufliche Arbeit konstituierenden Charakter hat.

Das Verhältnis zwischen dem Lehrer und den vorgesetzten Instanzen wurde bereits als hierarchisch beschrieben. Sicher ist der Lehrer nach seiner Zweiten Dienstprüfung recht frei von direkter Kontrolle, aber seine pädagogischen Freiheiten sind doch sehr stark eingeschränkt auf kleinere methodische Varianten in seinem Unterricht. Neben den erwähnten Gesetzen und Erlassen wird der Lehrer in seiner Arbeit durch Konferenzbeschlüsse, vor allem aber durch den Stundenplan, das Fachlehrersystem, die vorgegebenen Klassenräume, die in der Schule jeweils eingeführten Schulbücher u. a. stark eingeschränkt. Durch die Schwerfälligkeit der Kultusbürokratie werden Anregungen von der Basis der praktizierenden Lehrer nicht aufgegriffen, ja gar nicht erwartet. Selbst offiziell eingerichtete oder genehmigte Schulversuche haben wenig Chancen, die Schule zu verändern. So wurden Versuche zur Einführung des freien Samstags in der Schule vom Kultusministerium in Baden-Württemberg abgebrochen, obwohl Schüler, Eltern und Lehrer sich überwiegend positiv dazu äußerten. Ebenso wurden im gleichen Bundesland Gesamtschulmodelle eingerichtet; ohne deren Ergebnisse auch nur abzuwarten, wurde jedoch im neuen Schulgesetz von Baden-Württemberg das dreigliedrige Schulwesen verankert.

Diese Beispiele zeigen, daß in einem hierarchisch organisierten Schulsystem die politischen Entscheidungen an der Spitze ohne Berücksichtigung der pädagogischen Erfahrungen, Versuche und Vorschläge von der Basis der unterrichtenden Lehrer getroffen werden. Die Arbeit des Lehrers besteht demnach nur in der Ausführung der Anweisungen von oben, die „innovative Funktion“, die man der Lehrerrolle zuschreibt, wird zur Farce. Das bleibt nicht ohne Auswirkungen auf das Selbstverständnis des Lehrers.

2.4 Das Selbstbild des Lehrers

Das Selbstbild des Lehrers wird geprägt von den Erfahrungen in der eigenen Erziehung, von seinen Vorstellungen und Erwartungen vom Lehrerberuf, vom Grad der Zufriedenheit mit seiner Arbeit, von den Rollenerwartungen der Gesellschaft an seinen Beruf und von der gesellschaftlichen Anerkennung. Untersuchungen über die soziale Herkunft von Lehrern haben ergeben, daß sowohl der Gymnasial- wie der Volksschullehrerberuf als typische gesellschaftliche Aufstiegsberufe angesehen werden können. Etwa zwei Drittel der Lehrerstudenten stammen aus Familien, die der unteren Mittelschicht zuzuordnen sind[33]. In der Einschätzung der Öffentlichkeit gehört der Studienrat eindeutig zur oberen Mittelschicht, der Volksschullehrer steht an der Grenze zwischen unterer und oberer Mittelschicht. Die meisten Lehrer haben also durch ihren Beruf einen höheren sozialen Status als ihre Herkunftsfamilie erreicht, was sich eigentlich in einem gestiegenen Selbstbewußtsein ausdrücken müßte. Dieses Selbstbewußtsein wird jedoch wieder in Frage gestellt durch die oben beschriebene negative Stereotypisierung des Lehrers in der Gesellschaft: der Lehrer steht im Ansehen der Gesellschaft eben doch nicht ganz auf einer Stufe mit den anderen akademischen Berufen. Die Wahl des Lehrerberufs wird in Oberschichtfamilien eher als sozialer Abstieg angesehen – nicht für die Töchter, aber doch deutlich für die Söhne. Wenn der Sohn eines Arztes Lehrer (gar noch Volksschullehrer) wird, so stellt dies für die Familie doch Prestigeverlust dar.

Diese mögliche Beeinträchtigung des Selbstbewußtseins wird verstärkt durch die berufliche Situation des Lehrers, der im Gegensatz zu anderen akademischen Berufen in der schulischen Hierarchie wenig Eigeninitiative ergreifen kann und dessen Aufstiegschancen als „Laufbahnbeamter" begrenzt oder doch nur in geringem Maße selbst zu beeinflussen sind. Der Lehrer kann also nur bedingt sein Selbstbewußtsein aus dem gesellschaftlichen Prestige seines Berufes schöpfen. Das gilt in besonderem Maß für den Volksschullehrer, der ja bereits als an der Grenze zur oberen Mittelschicht stehend charakterisiert wurde. Dementsprechend ist auch der Prozentsatz der Söhne von Volksschullehrern, die den gleichen Beruf wie ihr Vater ergreifen wollen, im Gegensatz zu allen anderen akademischen Berufen (selbst dem des Pfarrers) in einer Studie von Steininger mit 3,8% extrem niedrig. 88,7% dagegen streben höhere akademische Berufe an[34]. Es ist denkbar, daß sich durch die Zulassungsbeschränkungen in verschiedenen akademischen Studienfächern eine Veränderung dieser in den sechziger Jahren festgestellten Tendenzen ergab und ergibt. Trotzdem bedeutet dies keine Prestigeaufwertung des Lehrerberufs, da nun eher die für die Zulassung zu einem Studium erforderliche Abiturdurchschnittsnote gesellschaftlich das Prestige eines Berufs bestimmt.

Die Folge der beschriebenen gesellschaftlichen Minderbewertung des Lehrerberufs ist eine gewisse Statusunsicherheit und die Suche nach Möglichkeiten der Selbstbestätigung durch den Lehrer. Der Gymnasiallehrer findet diese Selbstbestätigung leichter, indem er sich vorwiegend als Fachwissenschaftler sieht[35] und sich vom Kollegen in der Volksschule abgrenzt. Eigene Lehrerverbände von Gymnasiallehrern einerseits, Grund-, Haupt-, Real- und Sonderschullehrern andererseits machen diese Abgrenzungstendenz deutlich. Allerdings hilft dem Gymnasiallehrer der Rekurs auf seine wissenschaftliche Ausbildung in der Schulpraxis wenig. Didaktisch-methodische Schwierigkeiten und Disziplinprobleme erschweren eine anspruchsvolle wissenschaftliche Arbeit an der Sache und verleiten ihn dazu, vor unterrichtlichen Problemen zu resignieren und die Schuld daran in der Unreife, den mangelnden Fähigkeiten oder der Böswilligkeit seiner Schüler zu sehen. Letztlich gewinnt der Gymnasiallehrer, der sich als Wissenschaftler sieht, sein Selbstbewußtsein in Absetzung von der Schule; die fehlende Identifikation mit seiner alltäglichen Arbeit stellt sein Selbstwertgefühl aber dann doch in Frage.

Die Gymnasiallehrer, die sich hauptsächlich als Pädagogen sehen, stehen dagegen vor den gleichen Identitätsproblemen wie ihre Kollegen in der Volksschule. Die Identitätsprobleme des Volksschullehrers (damit seien hier immer Grund-, Haupt-, Real- und Sonderschullehrer gemeint) hängen eng mit dem Selbstverständnis der Pädagogik als Wissenschaft zusammen. Die Pädagogik ist als Wissenschaft noch sehr jung, und sie bezieht sich sehr stark auf etabliertere Wissenschaften wie Psychologie und Soziologie. Ihre Stellung als eigene Wissenschaft ist von daher noch nicht sehr gefestigt. Auch im öffentlichen Bewußtsein scheint sich die Pädagogik als Erziehungswissenschaft mit einem Gebiet zu beschäftigen, von dem eigentlich jeder etwas versteht, in dem fast jeder – als Vater, Mutter, Lehrherr, Meister, Vorgesetzter – Erfahrungen vorzuweisen hat. Der professionelle Pädagoge wird deshalb weniger als Fachmann anerkannt als der Inhaber jedes anderen akademischen Berufes. Die kurze Ausbildungszeit und die Vielfalt der zu studierenden Fächer an den Pädagogischen Hochschulen taten ein übriges, um den Volksschullehrer als Fachmann für Erziehung in der Öffentlichkeit zu dequalifizieren. Inzwischen ist die Studienzeit in allen Bundesländern auf sechs bis sieben Semester erweitert worden; sie kommt damit der Studiendauer des Gymnasiallehrers sehr nahe. Auch die Vielzahl der Fächer wurde zugunsten eines intensiven wissenschaftlichen Studiums in zwei Fächern aufgegeben, wodurch manchmal der Anteil der Pädagogik am Studium in den Hintergrund gedrängt wird. Trotzdem ist das Prestige des Volksschullehrers in der öffentlichen Meinung weiterhin deutlich geringer als das des Gymnasiallehrers. Das führt – so Combe – zu einem Deklassierungsbewußtsein des Volksschullehrers[36]. Combe weist auf Untersuchungen hin, nach denen das subjektive Gefühl eines Mangels an Anerkennung wohl in keinem anderen Beruf so stark ausgeprägt ist wie bei Lehrern: „Der Typus des eigentlichen Pädagogen, der sich primär von seiner pädagogischen Funktion her versteht, erweist sich … als Träger des pessimistischen sozialen Bewußtseins und hat ein negativ akzentuiertes Selbstbild.“[37]

Darin sieht Combe die Ursache für eine „konservative Mentalität des Lehrers“[38], der – enttäuscht über die Unterbewertung seiner Arbeit – der Gesellschaft den Rücken kehre, in die Innerlichkeit fliehe und in den Bann konservativ getönter Kulturkritik gerate. Dieser Schluß Combes scheint mir nicht recht zwingend: Lehrer sind nicht in höherem Maß konservativ als andere Berufsgruppen, sie scheinen bei Berufsantritt sogar eher progressiv zu sein. So konstatieren Holling und Bammé, daß „die meisten von ihnen durchaus in der Absicht ihren Beruf angetreten haben, ihre Arbeit anders, besser zu verrichten, als sie es bei ihren älteren Kollegen gesehen haben bzw. aus ihrer eigenen Schulzeit kennen. Die Ansprüche auf Chancengleichheit, optimale Entfaltung der Fähigkeiten aller Kinder usw. werden von den jungen Lehrern bei Antritt ihres Berufes in der Regel ernst genommen; sie kommen in die Schule, um zu ihrer Realisierung beizutragen …“[39] Holling und Bammé sehen die Wende der Lehrer zu eher konservativen Einstellungen begründet in der Ausbildung der Zweiten Phase (dem Referendariat) und in der Berufstätigkeit als Lehrer an sich: „Durch die Berufstätigkeit selbst werden die Lehrer sozialisiert …“[40] Das soll im folgenden begründet werden.

2.5 Spezielle Probleme des Junglehrers

Auf Übergangsprobleme hinzuweisen, die sich zwischen Schule oder Hochschule und Beruf ergeben, ist sicher gerechtfertigt, aber es scheint sich dabei doch vordergründig um normale Umstellungsschwierigkeiten zu handeln, die jeder durchstehen muß und auch meistert. Die Situation des Junglehrers ist jedoch in allerjüngster Zeit in einer Weise brisant geworden, daß sie nicht pauschal mit den allgemeinen Problemen von Berufsanfängern abgehandelt werden kann, sondern einer eigenen Betrachtung bedarf.

Unsicherheit scheint heute das hauptsächliche Kennzeichen des Junglehrers zu sein. Diese Unsicherheit resultiert einerseits aus der Diskrepanz zwischen seiner theoretischen Ausbildung (sowohl an der Universität als auch an der Pädagogischen Hochschule) und der Berufspraxis, zum anderen aber aus der Ungewißheit, ob er nach der Zweiten Dienstprüfung seinen Beruf ausüben darf oder nicht. Schon in der Ersten Dienstprüfung geht es heute nicht mehr nur um Bestehen oder Nichtbestehen, sondern der Student muß – wie beim Abitur – einen bestimmten Notendurchschnitt erreichen, um eingestellt zu werden. Während zu Zeiten des akuten Lehrermangels die Zweite Dienstprüfung zwar eine Belastung darstellte, ein Scheitern jedoch unwahrscheinlich war, ist sie heute eine Barriere, mit deren Hilfe die Kulturbürokratie die geplanten Einstellungsquoten von Lehrern regeln kann. Gerüchte darüber, daß zwanzig, dreißig oder mehr Prozent der Junglehrer die Zweite Dienstprüfung nicht bestehen dürfen – sie mögen wahr sein oder nicht –, versetzen den Junglehrer in eine permanente Streßsituation. Eine Nichteinstellung nach dem Zweiten Examen ist für den Lehrer eine Existenzfrage, da sich ihm ja keine beruflichen Alternativen bieten. Hinzu kommen die finanziellen Probleme des Junglehrers, der meist nur mit einem Teildeputat eingestellt und entsprechend schlecht bezahlt wird. Die täglichen schulischen Probleme, die Angst, dem Schulleiter negativ aufzufallen, vom Schulrat unvorbereitet besucht oder schlecht beurteilt zu werden, der Druck der bevorstehenden Zweiten Dienstprüfung (einschließlich einer neben den übrigen Aufgaben zu verfertigenden Zulassungsarbeit) stellen für den Junglehrer eine schier unerträgliche Dauerbelastung dar. Darüber hinaus fühlt sich der Junglehrer für die Schulpraxis schlecht vorbereitet. Sowohl die wissenschaftliche wie die theoretische pädagogische Ausbildung an den Hochschulen erscheint ihm praxisfern, kaum übertragbar auf die aktuelle schulische Arbeit.

In dieser Situation der ständigen Belastung und Kontrolle und in dem Gefühl, über keine handhabbaren pädagogischen Mittel zu verfügen, rückt der Junglehrer sehr rasch von seinen ursprünglichen pädagogischen Zielvorstellungen ab und paßt sich der schulischen Realität an: „Der Lehrer resigniert, er wird apathisch.“[41] Die Angst, negativ aufzufallen, schlecht beurteilt zu werden, die – wie oben gezeigt wurde – sich heute zur Angst um die berufliche Existenz steigert, führt dazu, daß der junge Lehrer lieber übervorsichtig ist, als daß er etwas riskiert. „Leistungsfähigkeit, Initiative und Risikobereitschaft werden zugunsten besserer Angepaßtheit eingeschränkt.“[42]

Diese Haltung wird verstärkt durch das Gefühl persönlicher Abhängigkeit von den kontrollierenden und beurteilenden Vorgesetzten. So betont Fürstenau, daß die Einschätzung der pädagogischen Arbeit des Lehrers nur in geringem Maße sachlich-fachlich objektivierbar sei; letztlich sei sie in das persönliche Ermessen des Schulrats gestellt[43]. Dieser wird – bei seinen wenigen Unterrichtsbesuchen, von denen für die berufliche Karriere des Lehrers so viel abhängt – vom Junglehrer nur als Kontrolleur, nicht als Berater erlebt. Aufgrund weniger, für den Schulalltag eines Lehrers oft untypischer „Vorführstunden“ bildet dieser sich ein Urteil über die pädagogischen Qualitäten eines Lehrers.

„Das Problem besteht darin, daß sich die eigentliche pädagogische Tätigkeit des Lehrers gar nicht kontrollieren läßt. Es wird dadurch gelöst, daß das kontrolliert wird, was kontrolliert werden kann, und zwar so extensiv, daß es faktisch zu einer Zweck-Mittel-Verkehrung kommt: pädagogische Forderungen werden von bürokratischen überlagert.“[44] Pünktlichkeit des Lehrers, ausführliche schriftliche Vorbereitung, gute Führung des Unterrichtstagebuches, eine ruhige, disziplinierte Klasse, eine saubere Schrift in den Heften der Schüler u. ä. werden die wichtigsten Kriterien zur Beurteilung der Lehrerleistung.

Der Lehrer stellt sich im Lauf seiner Zweiten Ausbildungsphase auf diese Erwartungen ein, handelt entsprechend und hält schließlich selbst diese Bereiche für das Zentrum seiner pädagogischen Arbeit, ohne daß ihm diese Verschiebung bewußt würde. Natürlich kann der Lehrer aus diesen kontrollierbaren Äußerlichkeiten seines Berufs nur teilweise eine Befriedigung ableiten, ein schlechtes Gewissen und das Gefühl der Resignation bleiben bestehen – beim Junglehrer meist noch recht bewußt (aus der Erfahrung der Diskrepanz zwischen seinen beruflichen Vorstellungen und der tatsächlichen Praxis), beim älteren Kollegen eher verdrängt.

All die im Kapitel 2 aufgeführten Probleme der Lehrerrolle könnten noch sehr viel eingehender begründet und zum großen Teil auch empirisch belegt werden. Es ließen sich auch weitere hier nicht aufgeführte Rollenprobleme des Lehrers hinzufügen. Es ging in diesem Kapitel aber nicht um eine umfassende Analyse der Problemlage, sondern es sollte vor allem aufgezeigt werden, vor welchem Hintergrund die Situation des Lehrers betrachtet werden muß, wenn man versucht, ihm Hilfen für seinen Schulalltag anzubieten. Aus der Komplexität der Probleme des Lehrerberufs wird auch deutlich, daß diese Hilfen kaum in konkreten Handlungsanweisungen werden bestehen können.

3. Die Lehrerausbildung – eine Chance zur effektiven Vorbereitung auf den Lehrerberuf

Die Lehrerausbildung wird mit einigem Recht als rein theoretisch und praxisfern kritisiert. Als Folge einer mangelhaften oder fehlenden Vorbereitung auf die Realität der Schule wird der „Praxisschock" des Junglehrers beim Eintritt in den Beruf gesehen[45]. Der Vorwurf der Praxisferne trifft für die Ausbildung der Gymnasiallehrer an der Universität voll zu. Obwohl hier vor allem in den philologischen Fächern ganz überwiegend Lehrer ausgebildet werden, bleibt das Vorlesungsangebot rein wissenschaftlich orientiert, es enthält keine fachdidaktischen oder methodischen Angebote. Dies soll zwar im Referendariat nachgeholt werden; da jedoch vor allem dem Philologen kaum eine andere Berufswahl mehr offensteht, setzt die pädagogische Ausbildung viel zu spät ein – überdies wird auch sie allgemein als wenig effektiv für die Praxis charakterisiert.

Härter als die Fachwissenschaften an der Universität, die ohnehin eine pädagogische Ausbildung nicht als ihre Aufgabe ansehen, trifft der Vorwurf der Praxisferne die Pädagogischen Hochschulen, die sich aus Tradition der Vorbereitung des Lehrers auf seine Erziehungs- und Unterrichtspraxis verpflichtet fühlen und eine speziell schulpraktische Ausbildung in den Lehrerstudiengang integriert haben. Die hohe gesellschaftliche Wertschätzung des fachwissenschaftlichen Spezialistentums führte jedoch dazu, daß auch die Pädagogischen Hochschulen immer stärker eine möglichst universitätsähnliche wissenschaftliche Ausbildung in zwei Fächern betonen (worunter häufig die pädagogische Ausbildung der zukünftigen Lehrer leidet). Darüber hinaus kommt wegen der großen Studentenzahlen die schulpraktische Ausbildung in der Regel zu kurz. Die meist weniger als zehn Unterrichtsstunden, die ein Student während seiner Tagespraktika im Laufe von sechs oder sieben Semestern hält – noch dazu in der Ausnahmesituation mit Klassenlehrer, Dozent und zehn Kommilitonen als Zuhörer – sind nicht geeignet, ihm einen realistischen Praxisbezug zu vermitteln. Die beiden während der Semesterferien abzuleistenden Blockpraktika eignen sich besser dazu, doch stellen auch sie noch keine Ernstsituation dar; sie zeigen aber bereits die Diskrepanz zwischen Theorie und Praxis auf, was – ungewollt – in der Bezeichnung „hochschulfernes Praktikum" schon enthalten ist. Es sollen nun aber nicht Vorstellungen einer Neukonzeption von pädagogischen Studiengängen entwickelt werden – dies wäre sicher nötig, doch würde es für den Lehrerstudenten zunächst wenig konkrete Hilfe bedeuten. Vielmehr soll versucht werden, einige Möglichkeiten aufzuzeigen, wie der Student das bestehende Angebot an Universitäten und an Pädagogischen Hochschulen nutzen könnte, um sich selbst besser auf den Beruf des Lehrers vorzubereiten.

3.1 Die Identifikation des Lehrerstudenten mit seiner Berufswahl

Voraussetzung für eine den Lehrer selbst befriedigende schulische Arbeit ist sicher eine gewisse Identifikation des Lehrers mit seinem Beruf. Diese Identifikation darf nicht mit kritikloser Anpassung an das bestehende Schulsystem, mit einer fraglosen Übernahme typischen Lehrerverhaltens gleichgesetzt werden; gemeint ist vielmehr die Bereitschaft des Lehrers, sich in seinem Beruf zu engagieren, der Versuch, seine persönlichen Vorstellungen in seine Arbeit einzubringen, sich als Person nicht von seinem Beruf zu distanzieren. Diese Bereitschaft müßte eigentlich schon bei der Wahl des zum Lehrerberuf führenden Studiums vorhanden sein, spätestens aber während des Studiums entstehen. Fehlt die Identifikation des Lehrers mit seiner Arbeit, sieht er in ihr nur einen Job, der ihm dic nötige finanzielle Absicherung und genügend Freizeit bringt, so wird seine Arbeit für ihn selbst entfremdet und unbefriedigend sein; die eigentlich Leidtragenden aber sind seine Schüler.

Es ist anzunehmen, daß die große Mehrzahl der Lehrerstudenten sich mit ihrem künftigen Beruf identifiziert, daß sie Befriedigung von ihm erwartet, sinnvolle Arbeit leisten möchte und bereit ist, sich im Lehrerberuf zu engagieren. Eine nicht unbedeutende Minderheit von Studenten jedoch beginnt das Lehrerstudium nur deshalb, weil sie einen anderen (Wunsch-)Beruf aufgrund von Studienzulassungsbeschränkungen oder anderen Ursachen nicht ergreifen kann. 1958 ermittelte Kob bei 44% der angehenden Gymnasiallehrer, daß es sich bei ihrer Berufsentscheidung um eine „zweite Wahl" handelte[46]; eine neuere Untersuchung ermittelte diese Sekundärentscheidung für den Lehrerberuf immerhin noch bei etwa 30% der angehenden Gymnasiallehrer[47]. Beim Volksschullehrer dürfte eine ähnliche Tendenz festzustellen sein. Eine – nicht repräsentative – Befragung von 110 Studenten eines Seminars an der Pädagogischen Hochschule Esslingen ergab, daß etwas mehr als ein Viertel den Lehrerberuf als ihre zweite Wahl nach Verhinderung, einen anderen Beruf zu ergreifen, ansah.

Gerade dieser Gruppe von angehenden Lehrern dürfte eine Identifikation mit ihrem Beruf schwerfallen. Da aber eine befriedigende berufliche Tätigkeit ein wichtiges Moment für die Integration der Gesamtpersönlichkeit darstellt, müßte der Lehrerstudent sowohl im eigenen wie im Interesse seiner zukünftigen Schüler versuchen, seine sekundäre Berufsentscheidung zu akzeptieren und sich mit ihr zu identifizieren. Dies ist eine Forderung an den Lehrerstudenten, noch keine Hilfe für ihn, denn eine Identifikation mit der Berufswahl ist nicht in erster Linie vom Willen, von bewußten Entscheidungen abhängig, sondern vor allem von unbewußten Einstellungen und Vorurteilen. Trotzdem kann der künftige Lehrer sich gerade an der Hochschule Angebote nutzbar machen, die ihm helfen können, unbewußte Berufswahlmotive aufzudecken, Vorurteile als solche zu erkennen und eher zu bewußten Entscheidungen zu gelangen, die unter Umständen auch zum Abbruch des Lehrerstudiums führen mögen, auf jeden Fall aber positiv auf seine psychische Verfassung wirken können. Dies gilt nicht nur für den Studenten, der Ressentiments gegen den Lehrerberuf hat, sondern auch für denjenigen, der mit dem bewußten Ziel, Lehrer zu werden, sein Studium angetreten hat.

3.2 Möglichkeiten zur Nutzung des Vorlesungsangebots

Die folgenden Überlegungen beziehen sich zunächst auf das Studium an Pädagogischen Hochschulen. Im Anschluß daran soll versucht werden, die hier gemachten Vorschläge auf das Universitätsstudium des künftigen Gymnasiallehrers zu übertragen.

Der Vorwurf der Praxisferne wird sowohl gegenüber dem pädagogischen wie dem fachwissenschaftlich-fachdidaktischen Vorlesungsangebot an den Pädagogischen Hochschulen erhoben. Dabei geht es wohl nicht darum, auf eine theoretisch-wissenschaftliche Ausbildung zu verzichten und statt dessen dem Studenten genaue Handlungsanweisungen im Sinne einer Erziehungs- und Unterrichtslehre zu geben. Vielmehr meint der Vorwurf, daß die Theorien im luftleeren Raum schweben und sich nicht an der Praxis messen lassen oder daß der Student zumindest keine Anhaltspunkte für ihre Übertragbarkeit auf die Praxis bekommt. Die Folge davon ist, daß der junge Lehrer nach Dienstantritt sehr rasch all sein theoretisches Wissen als unnötigen Ballast über Bord wirft.

Die Aufforderung eines Seminarleiters in der Zweiten Phase einem Junglehrer gegenüber: „Nun vergessen Sie mal alles, was Sie bisher gelernt haben"[48] drückt den mißlungenen Theorie-Praxis-Bezug aus der Sicht des Praktikers deutlich aus. Dieser Vorwurf muß von den Hochschulen ernst genommen werden; trotzdem bieten die Hochschulen auch heute schon eine Vielzahl von Veranstaltungen an, in denen versucht wird, eine Brücke zur Schulpraxis zu schlagen. Sicher wird auch hier die Realität nicht voll zur Geltung kommen können, da der Student noch nicht in der „Ernstsituation" des Lehrers steht und da in der Hochschule die Realität nur ausschnitthaft – in Einzelbeispielen von Unterrichtssituationen, Problemfällen oder Segmenten des Lehrerverhaltens – dargestellt und analysiert werden kann; trotzdem können derartige Angebote sicher sehr hilfreich zur Bewältigung der späteren schulischen Arbeit durch den Lehrer sein. Es liegt weitgehend am Studenten, ob er diese Angebote eines frühen Bezugs zur Praxis nutzt. Spätestens nach seinem ersten hochschulfernen Blockpraktikum sollte er sich der Notwendigkeit des Besuchs praxisnaher Vorlesungsangebote an der Hochschule bewußt sein; einige Beispiele sollen auf Möglichkeiten für den Lehrerstudenten hinweisen.

3.2.1 *Veranstaltungen für Lehrer und Studenten*

Bei der Durchsicht von Vorlesungsverzeichnissen verschiedener Pädagogischer Hochschulen stößt man dann und wann auf Angebote, die Studenten und Lehrern gleichzeitig gelten. Als Beispiele seien zwei Veranstaltungen genannt: so an der PH Reutlingen eine Übung unter dem Thema „Anfangsschwierigkeiten junger Lehrer – Probleme – Ursachen – Hilfen (zusammen mit Junglehrern)" oder an der PH Esslingen ein „Colloquium mit Lehrern: Probleme des Schulalltags", das von Grund- und Fachwissenschaftlern in Kooperation durchgeführt wurde. Diese Veranstaltungen werden erfahrungsgemäß vor allem von Junglehrern sehr gut besucht; sie stellen aber auch für die Studenten eine sehr gute Möglichkeit dar, sich mit Praxisproblemen frühzeitig vertraut zu machen und die eigenen Berufserwartungen sowie die eigene Studiensituation mit den Erfahrungen der Lehrer, deren Einschätzung und Kritik des

Studiums und den Vorstellungen der ausbildenden Dozenten in Beziehung zu setzen. Über den Rahmen der Veranstaltung hinaus können sie den Anstoß geben für informelle Kontakte zwischen Lehrern und Studenten, die sich in Einzelfällen in Unterrichtsbesuchen von Studenten bei (Jung-)Lehrern niederschlagen. Die Theorie-Praxis-Diskussion kann in diesem Rahmen sehr viel praxisnäher geführt werden als in den nur von Studenten besuchten Seminarveranstaltungen an der Hochschule.

Ähnliche Möglichkeiten, wenn auch nicht in der thematischen Verdichtung der oben angeführten Beispiele, ergeben sich durch die Integration von Diplomstudenten, die bereits als Lehrer tätig waren, in die Veranstaltungen der Hochschule. Auch hier können die Praxiserfahrungen direkt in die Seminare einfließen, und der Lehrerstudent sollte versuchen, sie für sich zu nutzen.

3.2.2 *Praxisorientierte Veranstaltungen*

Vorlesungsangebote, die ganz konkret die Erfahrungen des Lehrers und dessen Mitarbeit einbeziehen, sind natürlich selten. Darüber hinaus hat der Student jedoch in jedem Semester die Möglichkeit, praxisnahe Veranstaltungen zu besuchen, die – wie an anderer Stelle bereits erwähnt – zwar nicht die ganze Realität der Schule erfassen, aber doch Teilaspekte der Schulwirklichkeit behandeln und sie an der Schulpraxis überprüfen können. Auch hierfür seien einige Beispiele von Veranstaltungsangeboten genannt: „Beobachtung und Interpretation kindlichen Verhaltens“, „Physik im Sachunterricht der Grundschule (Seminar mit praktischen Übungen)“, „Beobachtung und Analyse von Unterrichtssituationen“, „Soziales Lernen in der Grundschule (Projekt)“[49]. Mit diesen Beispielen sollen nicht stärker theoretisch orientierte Veranstaltungen in ihrer Bedeutung für die Lehrerausbildung abgewertet werden; es soll vielmehr aufgezeigt werden, daß sich dem künftigen Lehrer Möglichkeiten bieten, sich schon während seines Studiums konkret auf die Schulpraxis vorzubereiten. Allerdings muß ihm – und das ist wieder eine Aufgabe der Lehrerbildung – die Notwendigkeit eines engen Praxisbezugs bewußt gemacht werden.

3.2.3 *Verhaltenstrainingsprogramme*

„Wenn auch theoretische Pädagogikkurse wahrscheinlich einige Veränderungen kognitiver Art und von Einstellungen beim angehenden Lehrer herbeiführen, haben sie doch sehr wenig Einfluß auf ihr Verhalten."[50] Die Folge dieser Erkenntnis ist ein zunehmendes Angebot von Veranstaltungen in der Lehrerbildung, die speziell das Lehrerverhalten und dessen Veränderung zum Gegenstand haben. Derartige Veranstaltungen bergen Probleme in sich, auf die später noch eingegangen werden soll; sie sind aber – vom Studenten richtig genutzt – auch eine Chance, sich seiner eigenen Einstellungen bewußt zu werden und sein Verhalten zu kontrollieren. Damit können sie ihm konkrete Hilfen für seine spätere pädagogische Arbeit geben.

Verhaltenstrainingsseminare sollen nicht die Einübung bestimmter pädagogischer Methoden zum Inhalt haben, sondern sie konzentrieren sich darauf, „durch eine Art ‚sensitivity training' die Kontaktfähigkeit und Kontaktbereitschaft sowie das Verhaltensrepertoire der (angehenden) Lehrer zu erweitern. Praktische Erfahrungen im Umgang mit Kindern werden dabei ebenso angestrebt wie solche gruppendynamischer Art mit Kollegen."[51] In Verhaltenstrainingsprogrammen wird versucht, dem Lehrerstudenten „objektivere" Daten über sein Verhalten zum Beispiel im Umgang mit Schülern oder Kollegen zu geben. Der Begriff „objektiv" ist im Zusammenhang mit sozialem Verhalten sicher nicht richtig; er bedeutet – der Begriff „intersubjektiv" würde das genauer ausdrücken – aber die Rückmeldung an den Lehrerstudenten, wie sein Verhalten in bestimmten Situationen auf andere wirkt, welche Reaktionen es bei ihnen auslöst. Diese Rückmeldung wird in der Fachliteratur mit dem Begriff „Feedback" bezeichnet. „Ein exaktes Feedback des Verhaltens ist von entscheidender Bedeutung für die Verbesserung der Lehrleistungen. Das Feedback erleichtert die Analyse und den Vergleich von Verhaltensweisen des Lehranfängers mit anerkannten Kriterien und Zielen, hilft die erwünschten Verhaltensmuster zu verstärken und bringt bei den Referendaren selbst Unzufriedenheit mit unerwünschten Verhaltensmustern hervor."[52]

Die Rückmeldung von Verhaltensweisen wird vor allem mit Hilfe audiovisueller Medien (Tonband und/oder Fernsehaufzeichnungen) oder durch gruppendynamische Beobachtungsverfahren zu erreichen versucht. Im Einsatz von Tonband und Film liegt die Möglichkeit, Abwehrreaktionen des Studenten gegenüber verbaler Kritik zu verringern, indem er selbst erwünschte und unerwünschte eigene Verhaltensweisen – auch mehrfach – nachvollziehen und reflektieren kann. Ein Student, der beispielsweise einen eigenen Unterrichtsversuch mit Hilfe audiovisueller Medien mehrfach selbst betrachten kann, dürfte eher bereit sein, zusammen mit der Seminargruppe eine neue Unterrichtskonzeption zum gleichen Thema zu entwickeln und durchzuführen und dabei sein Verhalten zu verändern, als wenn er nur auf verbale Kritik seines Verhaltens, das nicht mehr reproduzierbar ist, stößt.

Eine ganze Unterrichtsstunde hat sich bei dieser Art des Vorgehens allerdings als zu komplex erwiesen, so daß heute weitgehend das sogenannte Micro-Teaching-Verfahren angewandt wird. „Micro-Teaching ist eine Unterrichtssituation mit herabgesetzter Klassengröße und verkürzter Unterrichtszeit: 3 bis 6 Schüler in Unterrichtseinheiten von 5 bis 20 Minuten Länge."[53] Der Student übt dabei jeweils nur einzelne Verhaltensweisen, z.B. Darbietung, Leitung einer Diskussion, das Stellen von Fragen und ähnliches[54].

Während die Verfahren mit Hilfe von audiovisuellen Medien vorwiegend auf die Einübung und Veränderung konkreter Verhaltensweisen des Lehrers abzielen, wird in eher gruppendynamisch orientierten Trainingsseminaren versucht, die Sensibilität des angehenden Lehrers für pädagogische Vorgänge zu erhöhen und Einstellungen des Studenten in Richtung auf sozialintegratives Lehrerverhalten zu verändern[55]. Vor allem Anne-Marie und Reinhard Tausch haben sehr genaue und erprobte Vorschläge für die Durchführung von Trainingsseminaren erarbeitet[56]. Sie empfehlen – zum Beispiel zum Thema Erziehungskonflikte –, daß die Teilnehmer oder der Seminarleiter einige schwierige Erziehungs- und Unterrichtssituationen darbietet, zu denen die Teilnehmer anonym ihre Reaktion in wörtlicher Rede niederschreiben oder aus verschiedenen Antwortmöglichkeiten auswählen sollen. Im Anschluß daran werden die verschiedenen Reaktionen der Seminarteilnehmer in Kleingruppen diskutiert. Dadurch werde der einzelne – so Tausch und Tausch – zwangsläufig mit anderen Verhaltensmöglichkeiten konfrontiert, was – ohne Druck, eine „Bestantwort" finden zu müssen, und in der Sicherheit, anonym zu bleiben – eine distanzierte Wahrnehmung des eigenen Verhaltens ermögliche. Später wird jede Kleingruppe gebeten, eine ihrer Meinung nach besonders angemessene oder unangemessene Antwort an die Tafel zu schreiben; diese Antworten werden dann vom Gesamtseminar diskutiert. Tausch und Tausch resümieren: „Die anonyme Konfrontierung eigener, schriftlich geäußerter Erziehungsreaktionen und der ihnen zugrunde liegenden Einstellungen mit den häufig andersartigen Entscheidungen der Gruppenmitglieder und mit der sich allmählich herausbildenden Gruppenentscheidung führt unserer Erfahrung nach zu einer allmählichen

Änderung grundlegender Einstellungen sowie zu einer Umstrukturierung der Wahrnehmung des einzelnen Gruppenmitgliedes."[57] Als Erweiterung dieses Vorgehens schlagen Tausch und Tausch vor, daß die Seminarteilnehmer auch die möglichen Gefühle des Schülers in der vorgestellten Konfliktsituation sowie nach den verschiedenen Reaktionen des Lehrers verbalisieren, niederschreiben und diskutieren, ebenso die eigenen Gefühle.

Ein Beispiel von Tausch und Tausch soll dieses Vorgehen illustrieren. Folgender Konfliktfall liegt vor: In einer Sportstunde im siebenten Schuljahr weigert sich ein Mädchen, eine Übung mitzuturnen. Einige mögliche Lehrerreaktionen sind: „Wenn jeder es machen wollte wie du, brauchen wir überhaupt keinen Unterricht mehr." – „Was ist denn mit dir los, warum willst du plötzlich nicht mitturnen?" – „Setz dich dann bitte dort auf die Bank." – „Du möchtest diese Übung nicht mitturnen?" Mögliche Gefühle der Schülerin als Ursache für ihre Weigerung könnten sein: „Geräteturnen ist so langweilig, und ich hab' heute zu nichts Lust." – „Ich bin noch ganz niedergeschlagen von der schlechten Rechenarbeit" usw. – Mögliche Gefühle der Schülerin auf die von den Seminarteilnehmern vorgeschlagenen Lehrerreaktionen sind: „Merkt er denn nicht, daß ich Angst vor dieser Übung habe?" – „Er kümmert sich gar nicht um das, was in mir vorgeht."

Sicher mögen diese Beispiele – zumal wenn sie nicht aus der realen Unterrichtspraxis stammen – konstruiert erscheinen, auch wird am Ansatz von Tausch und Tausch an späterer Stelle noch Kritik zu üben sein; trotzdem scheint dieses Verfahren recht gut geeignet, sowohl eine Sensibilisierung von Lehrerstudenten für die Gefühle Jugendlicher als auch ein Erkennen von Handlungsalternativen in Problemsituationen zu erreichen.

Wenn hier dem Lehrerstudenten derartige Trainingsseminare als adäquate Vorbereitung auf seine spätere schulische Praxis vorgeschlagen werden, so muß gleichzeitig gesehen werden, daß solche Veranstaltungen recht personalintensiv sind, das heißt, daß nur eine Begrenzung auf relativ wenige Teilnehmer eine effektive Arbeit in einem derartigen Seminar möglich macht und daß nicht allen Studenten die Chance zur Teilnahme gegeben werden kann. Hier müssen die zuständigen politischen Instanzen aufgefordert werden, bei derzeit rückläufigen Studentenzahlen auf einen Abbau der Lehrkapazitäten an den Hochschulen zu verzichten, um so eine effektivere Lehrerausbildung zu ermöglichen.

3.2.4 *Kommunikations- und Selbsterfahrungsgruppen*

Die Gruppendynamik als Methode sozialen Lernens hat in den letzten zehn Jahren in der Bundesrepublik einen gewaltigen Aufschwung erfahren[58], allerdings auch manche berechtigte und unberechtigte Kritik ausgelöst. Dies kann hier nicht diskutiert werden; ebensowenig kann auf methodische Unterschiede einzelner Verfahrensweisen eingegangen werden. Es sollen nur die Ziele und Möglichkeiten gruppendynamischen Trainings für die Lehrerbildung aufgezeigt werden.

Es darf als gesichert angesehen werden, „daß für die Vermittlung von Erkenntnissen und das Einleiten von Verhaltensänderungen das praktische Erleben und das eigene Handeln in sozialen Situationen das Entscheidende ist ...“[59] Erkenntnisse und Verhaltensänderungen in sozialen Beziehungen sind für jedermann wichtig, für die Arbeit des Lehrers, die sich ja ausschließlich in sozialen Interaktionen vollzieht, sind sie konstitutiv. Gerade der angehende Lehrer muß sich darüber klar sein, inwieweit er durch seine eigene Person und durch sein Verhalten die Beziehungen zu anderen beeinflußt und inwiefern in ihm selbst unbewußte Anteile in diesen Beziehungen enthalten sind. Brocher führt aus: „So sachbezogen und neutral wir ... nach außen hin auch erscheinen mögen, wir können nicht verhindern, daß bestimmte Voreinstellungen und Gefühle aus früheren, nicht vergessenen Erfahrungen auf neue Menschen und Situationen übertragen werden. Ebenso können eigene verdrängte Inhalte, die uns selbst unangenehm sind, auf andere Menschen projiziert werden, so daß sie dort am anderen übermäßig scharf wahrgenommen werden.“[60]

Gruppendynamische Trainingsseminare wollen diese unbewußten Gefühle und Übertragungen bewußt machen, sie wollen die Teilnehmer zur Selbstreflexion und Verhaltensänderung fähig machen. „Indem sich das Individuum ... mit Hilfe der anderen selbst erkennt, seine ihm unbewußte Dynamik erfährt, ist es in der Lage, die ihm wie eine zweite Natur übergeworfene Gesetzmäßigkeit seines eigenen Verhaltens rationalen, d.h. vernünftigen Gesichtspunkten gegenüberzustellen. Dadurch wird das zuvor Unbewußte für die Praxis folgenreich bewußt; Einsicht von bislang undurchschauten Abhängigkeiten führt zur Emanzipation, d.h. zur Befreiung von diesen Abhängigkeiten.“[61] Diese Erkenntnisse über sich selbst können nicht theoretisch gewonnen werden, sondern nur durch praktisches Erleben und eigenes Handeln. Um dieses Ziel zu erreichen, wurden in gruppendynamischen Trainingsseminaren

Methoden entwickelt, von denen einige kurz aufgezeigt werden sollen[62].

(1) *Selbstbestimmung* der Gruppenmitglieder: In gruppendynamischen Seminaren bestimmt nicht der Leiter das Programm, auch sollte er möglichst keine Führungsrolle übernehmen; die Gruppenmitglieder müssen vielmehr selbst über die angestrebten Ziele und Methoden entscheiden, sie müssen selbst Initiativen ergreifen und Konflikte zu lösen versuchen. Dadurch soll die Situation in der Gruppe labilisiert werden; die entstehende Verhaltensunsicherheit soll überkommenes Verhalten in Frage stellen und die Gruppenmitglieder für neue Verhaltensweisen aufgeschlossen machen. Darüber hinaus soll den Teilnehmern bewußt werden, daß sie selbst für ihr Verhalten und für die Arbeit in der Gruppe verantwortlich sind.

(2) Die *Situation des Hier und Jetzt*: Dieses Prinzip gruppendynamischer Seminare bedeutet, daß das aktuelle Verhalten der Teilnehmer in der Gruppe Gegenstand der Arbeit sein soll. Überkommene Sichtweisen, Normen und Verhaltensschemata sollen dadurch in Frage gestellt werden; die Gruppenmitglieder sollen in die Lage versetzt werden, ungewohnte Verhaltensweisen selbst auszuprobieren und bei anderen zu ertragen und zu akzeptieren. Das Sich-Einlassen auf die Situation ermöglicht eine neue, weniger voreingenommene Sichtweise fremden und eigenen Verhaltens.

(3) *Rückspiegelung* von Verhaltensweisen *(Feedback)*: Das Feedback soll – wie im vorigen Kapitel bereits ausgeführt wurde – unbewußte Momente des Verhaltens deutlich machen, es soll dem einzelnen zeigen, wie sein Verhalten auf andere wirkt, welche Reaktionen er bei anderen auslöst. Im Feedback-Prozeß wird der Unterschied zwischen Fremdbild und Selbstbild bewußt gemacht. Dazu ist es wichtig, daß das Feedback nicht in Form von Pauschalurteilen, sondern in ganz konkreten Verhaltensbeschreibungen gegeben wird, damit der Empfänger des Feedback die Sichtweise der anderen nachvollziehen kann. Man sollte zum Beispiel nicht sagen: „Du bist immer so unausgeglichen und nervös“, sondern: „Du fährst Dir ständig mit den Fingern durchs Haar und trommelst auf die Tischplatte; das macht auf mich den Eindruck, als ob du nervös seiest.“ Durch die Methode des Feedback kann der Teilnehmer erfahren, ob die Wirkung seines Verhaltens auf andere seinen eigenen Absichten entspricht.

(4) *Vertrauen und Anerkennung* für sich und andere: Dieses Prinzip gruppendynamischer Arbeit ist Voraussetzung für das Gelingen derartiger Seminare. Nur wenn die Teilnehmer ohne

Angst vor negativen Folgen sich selbst darstellen und den anderen die „Wahrheit“ sagen, das heißt ihr subjektives Empfinden unverfälscht wiedergeben, können, ist eine Bewußtseins- und Verhaltensänderung möglich. Dieses Vertrauen ist nicht zu erzwingen. Voraussetzung dafür ist die Verpflichtung der Teilnehmer eines Seminars, Gesprächsinhalte nicht nach außen weiterzugeben; wichtiger aber noch ist es, ein Klima zu schaffen, in dem dieses Vertrauen entstehen kann – eine wichtige Aufgabe des Trainers, aber auch der Seminarteilnehmer.

(5) *Abbau gewohnter Verhaltensweisen (Unfreezing)*: Wenn das Ziel einer Verhaltensänderung bei den Teilnehmern eines gruppendynamischen Seminars erreicht werden soll, so ist das In-Frage-Stellen gewohnter, an nicht überprüften Normen ausgerichteter Verhaltensweisen eine wichtige Voraussetzung. Neue Formen der Interaktion sollen ausprobiert und als möglich erfahren werden. Eine offene Kommunikation, in der auch aggressive und erotische Gefühle gezeigt werden dürfen, ist erwünscht. Das Prinzip des Vertrauens, der Wertschätzung der anderen, des Beachtens und Respektierens ihrer Gefühle schafft die Grundlage dafür, daß neue Verhaltensweisen ausprobiert werden können. Das Verhaltensvorbild des Trainers oder einzelner Gruppenmitglieder ist eine wichtige Komponente zur Erreichung dieser Gruppenziele.

Auf die Gefahren und Probleme derartiger Trainingsprogramme, auf die Schwierigkeiten einer Übertragung von Verhaltensweisen, die im „Schonraum“ der Gruppe möglich sind, auf alltägliche Beziehungen muß hingewiesen werden[63], trotzdem bieten gruppendynamische Trainingsseminare eine gute Möglichkeit für den angehenden Lehrer, eigenes und fremdes Verhalten bewußter, sensibler und kritischer wahrzunehmen und wünschenswerte Verhaltensänderungen in die Wege zu leiten. An jeder Pädagogischen Hochschule und an den Universitäten werden inzwischen gruppendynamische Übungen regelmäßig angeboten. Auch hier ist es aus Kapazitätsgründen noch nicht möglich, derartige Übungen jedem Studenten zugänglich zu machen, doch sollte der Student sich zumindest der Chancen, die in Selbsterfahrungsgruppen und gruppendynamischen Übungen für ihn liegen, bewußt sein. Wenn das Vorlesungsangebot für derartige Veranstaltungen nicht ausreicht, können angestrebte Ziele auch in studentischer Eigeninitiative erreicht werden.

Auch dem Studenten, der über ein Universitätsstudium den Gymnasiallehrerberuf anstrebt, ist es möglich, Veranstaltungen in Pädagogik und Psychologie zu besuchen oder Angebote in Verhaltenstraining und Gruppendynamik wahrzunehmen. Sicher lassen sie sich weniger harmonisch in sein Fachstudium integrieren oder speziell für seine Prüfungen nutzbar machen; trotzdem muß ihm geraten werden, im Blick auf seinen zukünftigen Beruf als Lehrer derartige Angebote aufzugreifen. Allerdings sind an der Universität in besonderem Maße Eigeninitiativen des Studenten, der den Lehrerberuf ergreifen will, erforderlich, um sein Studium auf die spätere berufliche Praxis hin zu orientieren.

3.3 Studentische Eigeninitiativen

Wenn in der Gliederung dieses Kapitels über die Möglichkeiten des Lehrerstudenten, dem zu erwartenden Praxisschock vorzubeugen, zwischen Möglichkeiten zur Nutzung des Vorlesungsangebots und studentischen Eigeninitiativen unterschieden wird, so geschieht dies allein der Übersichtlichkeit wegen. Letztlich ist auch die Nutzung eines Vorlesungsangebots der Initiative des Studenten überlassen. In diesem Kapitel sollen jedoch einige Möglichkeiten genannt werden, wie der Student auch bei einem ihm unzureichend erscheinenden Vorlesungsangebot versuchen kann, sich adäquat auf seinen künftigen Beruf vorzubereiten.

3.3.1 *Artikulierung der eigenen Bedürfnisse*

In den meisten Hochschulen werden die Studenten aufgefordert, vor der Zusammenstellung der Vorlesungsangebote für das jeweils folgende Semester eigene Vorschläge und Wünsche einzubringen. Meist findet diese Aufforderung wenig studentische Resonanz; einige wenige Vorschläge von Studenten, die oft ohnehin im geplanten Angebot enthalten sind, haben keinen Einfluß auf die Gestaltung des Vorlesungsverzeichnisses. Darin liegt ein Vorwurf sowohl an die Studenten, die ihre Wünsche nicht artikulieren, als auch an die Dozenten, die durch nur kurzfristige und oft nicht an deutlicher Stelle angebrachte Aufforderungen zur Mitbestimmung über das Vorlesungsangebot zeigen, daß sie nicht sonderlich an den Vorschlägen der Studenten interessiert sind. Effektiver scheint daher eine Mitarbeit in studentischen Selbst- und Mitbestimmungsgruppen, in Fachschaften, Fach- und Fachbereichskonferenzen zu sein. Auch wenn eine echte Mitbestimmung aufgrund der Hochschulgesetze nicht gewährleistet ist, haben die Studentenvertreter doch eher die Möglichkeit, studentische Wünsche mit einiger Aussicht auf Realisierung vorzubringen. Der Forderung nach einem engeren Praxisbezug der Vorlesungen und Seminare können sich die Dozenten zumindest an Pädagogischen Hochschulen eigentlich nicht mit gutem Gewissen widersetzen. Ein engerer Praxisbezug kann von Studenten auch in den theoretischen Veranstaltungen gefordert und durch Diskussionen durchgesetzt werden – auch hier könnte studentische Eigeninitiative wirksam werden.

3.3.2 *Bildung von Arbeitsgruppen*

Gruppenarbeit mit Schülern wird heute als sehr wirksame Arbeitsform allgemein anerkannt; ihre Vorzüge werden in vielen Veranstaltungen innerhalb der Lehrerausbildung herausgestellt. Doch auch hier zeigt sich sehr häufig die zwischen Theorie und Praxis bestehende Kluft. Die Karikatur des Studenten, der im Examen die Vorzüge der Gruppenarbeit betont, selbst aber nie in einer Gruppe gearbeitet und sich ganz isoliert aufs Examen vorbereitet hat, ist gar nicht abwegig. Begünstigt wird diese Tendenz zur Isolation durch Prüfungsordnungen, die eine Gruppenprüfung verbieten, die die Anfertigung von Zulassungsarbeiten in Kooperation erschweren und die individuelle Leistungsmessung betonen.

Trotzdem sollten Studenten sich in Arbeitsgruppen zusammenschließen, in denen zum Beispiel theoretische Veranstaltungen auf ihren Praxisbezug hin diskutiert und in denen Projekte durchgeführt werden können. Solche Arbeitsgruppen haben – abgesehen von ihren inhaltlichen Zielen – zumindest den psychohygienischen Effekt, einer Isolation des einzelnen Studenten an der Hochschule entgegenzuwirken. Darüber hinaus dienen Arbeitsgruppen der Einübung sozialer Verhaltensweisen, der Entwicklung solidarischen Verhaltens zur Durchsetzung eigener Interessen (was für den Lehrer später wichtig wäre) sowie der Artikulation studentischer Bedürfnisse. Der Student kann in Arbeitsgruppen die Vorteile und Probleme einer Kooperation mit anderen erfahren, was ihm sicher hilfreich sein wird, wenn er später mit seinen Schülern Gruppenarbeit praktizieren will. Arbeitsgruppen ermöglichen Erfahrungen über gruppendynamische Zusammenhänge und über die Wirkung des eigenen Verhaltens auf andere; sie können Anstoß zur Teilnahme an einem gruppendynamischen Seminar sein. Insgesamt gesehen stellt die Teilnahme an Arbeitsgruppen während der Lehrerausbildung eine günstige Grundlage für eine – für die psychische Gesundheit des Lehrers notwendige – spätere Kooperation mit Schülern und Kollegen dar.

3.3.3 *Kooperation mit Lehrern*

Wenn beklagt wird, daß Studenten während ihrer Ausbildung zuwenig in Kontakt mit der Schulwirklichkeit kommen, das heißt, wenn sie zu selten in der Schule sind, zu wenige Stunden halten und wenn dabei noch eher fachdidaktische als alltägliche Probleme zur Sprache kommen – der Gymnasiallehrer lernt die Schulwirklichkeit aus der Lehrerperspektive gar erst nach seinem Studium, im Referendariat, kennen – so ist dies sicher eine Aufforderung, sich Gedanken über eine Neukonzeption des Lehrerstudiums zu machen. Doch auch unter den gegenwärtigen Bedingungen könnte der Lehrerstudent durch Eigeninitiative den Kontakt zur Schule intensivieren. Die Möglichkeit, mit ehemaligen Kommilitonen, die inzwischen als Lehrer tätig sind, Verbindung zu halten, mit ihnen über Schulprobleme zu diskutieren, sie im Unterricht zu besuchen, unter Umständen selbst einmal in ihrer Klasse zu unterrichten, stehen jedem Studenten offen. Dabei sind viele Junglehrer sicher froh über derartige Kontakte, da sie ihnen einmal ermöglichen, die Beziehung zur Hochschule aufrechtzuerhalten und ihre Praxis mit der Theorie zu verbinden, zum anderen können sie eine Rückmeldung über ihren Unterricht und ihr Lehrerverhalten bekommen – unabhängig von der Angst, dabei von Vorgesetzten gleichzeitig beurteilt und benotet zu werden. Derartige Kontakte zwischen Lehrern und Studenten können also für beide Seiten in hohem Maße hilfreich sein. Ein praktischer Hinweis sei angefügt: der Lehrer muß vor Unterrichtsbesuchen von Studenten das Einverständnis des Schulleiters einholen.

3.3.4 *Beschäftigung mit praxisnahen Problemen*

Da der Student sein Studium weitgehend autonom gestaltet, hat er die Möglichkeit – wie oben bereits erwähnt – die Vorlesungsangebote praxisnah auszuwählen. Darüber hinaus kann er sich aber auch durch eine intensive Beschäftigung mit praxisnahen Problemen auf die spätere Lehrertätigkeit vorbereiten. Solche Aktivitäten lassen sich leicht in sein Studium integrieren – sehr viel leichter allerdings an Pädagogischen Hochschulen als an Universitäten. Ohne Anspruch auf Vollständigkeit sollen einige Beispiele das belegen.

Die Erteilung von Nachhilfestunden an Schüler ist für den Lehrerstudenten nicht nur eine Tätigkeit zur Verbesserung seiner finanziellen Situation, sondern sie ermöglicht ihm auch eine

Beschäftigung mit Problemen von Kindern und Jugendlichen. Schwierigkeiten, die ein Kind beim Lernen haben kann, werden sichtbar; häufig ist auch ein Einblick in die familiäre Situation von schwierigen Kindern möglich. Auch hier kann das an der Hochschule vermittelte theoretische Wissen an der Praxis geprüft und auf sie angewandt werden. Nicht selten gehen aus derartigen Tätigkeiten Themen für Zulassungsarbeiten hervor, die sich mit der wechselseitigen Verflechtung von Lern- und Verhaltensstörungen und mit ihren in Schule und Familie liegenden Ursachen beschäftigen.

Gerade die Wahl von Zulassungsarbeitsthemen eröffnet häufig die Chance einer intensiven Beschäftigung mit Praxisproblemen oder mit eigener praktischer Arbeit. Spielgruppenarbeit mit Kindern, die Durchführung von Unterrichtsprojekten oder die Befragung von Schülern und Lehrern zu Problemen der Berufswahl, der Freizeitbeschäftigung, der Angst vor der Schule, der Elternarbeit oder der Rollenprobleme des Lehrers seien als Beispiele genannt. In diese Reihe gehören auch kasuistische Fallstudien an schwierigen Kindern. Am effektivsten sind solche Arbeiten dann, wenn sie nicht erst zum Studienende begonnen werden, sondern aus einer schon früher einsetzenden Beschäftigung des Studenten mit derartigen Problemen hervorgehen. All diese Aktivitäten sind für den Lehrerstudenten geeignet, sich schon während der Ausbildung mit seiner späteren beruflichen Tätigkeit vertraut zu machen, dem sogenannten Praxisschock vorzubeugen. Sie stellen einen ersten Schritt in Richtung auf die spätere psychische Gesundheit des Lehrers dar.

4. Lehrer und Schüler – Partner oder Gegner

Erziehungswissenschaftler und Laien, die für die Schule verantwortlichen Kulturpolitiker wie die betroffenen Schüler, Eltern und Lehrer sind sich darüber einig, daß ein effektives Lernen in der Schule nur in einem guten pädagogischen Klima möglich sei. Ob dieses Klima nun mit Begriffen wie Gemeinschaft, Vertrauen, Verantwortung, persönliche Autorität, pädagogischer Bezug, demokratisches Verhalten oder sozialintegrativer Führungsstil umschrieben wird, immer steht dahinter der Gedanke, daß Schüler und Lehrer Partner im Lernprozeß sein müßten. Sicher wird unter Partnerschaft nicht immer Gleichberechtigung verstanden; vielfach wird eher das Bild der familiären Beziehungen auf die Schule übertragen, in denen die Eltern zwar führen, aber doch immer das Wohl der eigenen Kinder im Auge haben; und die Kinder erkennen diese Haltung der Erwachsenen und vertrauen sich ihrer Führung an.

Solche harmonistischen Vorstellungen treffen zwar auch auf die Familien kaum mehr zu; die Situation in der Schule aber scheint ihnen diametral entgegengesetzt zu sein. Die wichtigsten schulischen Themen, die heute vor allem in der Öffentlichkeit diskutiert werden, sind nicht schulorganisatorischer, inhaltlicher oder methodischer Art, sondern sie befassen sich mit Schulstreß, Schulangst, Verhaltensstörungen von Schülern, Aggressivität von Jugendlichen und Disziplinschwierigkeiten. Schüler haben Angst, in die Schule, Lehrer, in ihre Klasse zu gehen. Obwohl Schulanfänger sich auf die Schule freuen und Junglehrer ihre Tätigkeit in der Absicht beginnen, ein partnerschaftliches Verhältnis mit ihren Schülern zu pflegen, scheint die Atmosphäre in der Schule bald von Gleichgültigkeit oder Feindseligkeit beherrscht zu sein. Ein Beispiel soll das belegen. Es handelt sich dabei um die Unterrichtsbeobachtungen zweier Studentinnen bei einer Junglehrerin, Elke B., die, da sie mit den Studentinnen befreundet ist, in dem Bericht mit ihrem Vornamen Elke erscheint. Berichtet wird über eine Geschichtsstunde in einer Hauptschulklasse[64].

„Zu Beginn der Stunde teilt Elke einen Arbeitsbogen aus, den die Schüler in Partnerarbeit ausfüllen sollen. Der Inhalt scheint diese nicht zu interessieren, sie bestürmen Elke nur mit formalen Fragen: ‚Welche Farbe sollen wir nehmen? Sollen wir Linien ziehen? Wie lange haben wir Zeit?' Sie sind es offensichtlich gewohnt, nach den Befehlen des Lehrers Arbeitsaufträge auszuführen, und verlangen entsprechend, daß der Lehrer genau vorausbestimmt, was sie tun sollen.

Elke erfüllt diese Erwartungen jedoch nur teilweise. Schon am Anfang verteilt sie zunächst das falsche Arbeitsblatt. Sie ist unsicher, kann aus Nervosität die Stelle im Geschichtsbuch, die die Schüler als Hilfe verwenden sollen, nicht finden und gibt unangemessene Arbeitsaufträge. Daraufhin entsteht mehr und mehr Unruhe in der Klasse. Auf die aggressiven Fragen der Schüler ‚Was sollen wir denn machen?' reagiert Elke mit der Antwort: ‚Überlegt doch selbst.' ...

Nach und nach nützen immer mehr Schüler den von Elke gewährten Freiraum und ihre Unsicherheit aus und entwickeln Taktiken, um den Unterricht gezielt zu boykottieren. So behaupten sie plötzlich, ihre Geschichtsbücher nicht mitgebracht zu haben, weil Elke dies am Tag zuvor nicht angekündigt habe. Gleichzeitig lassen einige ihre Bücher unter der Bank verschwinden. Elke durchschaut das Spiel nicht, glaubt, sie hat es tatsächlich vergessen, und geht daran, die vorhandenen Bücher zu verteilen, die jedoch dauernd wandern und zwischendurch verschwinden.

Elke wird zunehmend nervöser, scheint keinen Überblick mehr zu haben und reagiert auf den immer stärker werdenden Krach persönlich betroffen. Sie versucht, die Disziplin durch sehr laute Befehle, Ermahnungen und Drohungen wiederherzustellen. Sie duldet jetzt nicht mehr den geringsten Regelverstoß, ohne darauf einzugehen, wodurch sie immer beschäftigter und aggressiver wird und sich in weitere Widersprüche verwickelt. So verbietet sie z.B. einem Schüler das Kaugummikauen zuerst mit der Begründung, daß es der Direktor verboten habe. ‚Deshalb darf ich dir das nicht durchgehen lassen.' Als der Schüler jedoch jetzt offen provozierend weiterkaut, schreit sie ihn an: ‚Diese ekelhafte Kaugummikauerei kann ich nicht mehr ertragen' – und wirft ihn aus der Klasse. Während sie vorher das Verbot mit ihrer Abhängigkeit vom Schulleiter begründet hat, wird jetzt deutlich, daß sie es selbst emotional vertritt.

Als sie sich wieder beruhigt hat, appelliert sie an die Einsicht der Schüler in die Notwendigkeit einer funktionalen Disziplin. Sie läßt dabei offen werden, daß sie selbst unter Druck steht. ‚Ich muß doch für einen geregelten Unterricht sorgen, sonst kriege ich Ärger.‘ Da die Schüler diese Erklärung bzw. Entschuldigung jedoch offensichtlich nicht verstehen und weiter laut sind, fällt Elke wieder in den autoritären Stil zurück und reagiert derart rigide und willkürlich, daß die Funktionalität der geforderten Ordnung nicht ersichtlich ist. Die Schüler scheinen sie jedoch nicht ernst zu nehmen und äffen ihr autoritäres Verhalten nach, so daß sich gegen Ende der Stunde die Situation derart eskaliert hat, daß der Unterrichtsstoff vollkommen verlorengeht. Ein Lernprozeß bei den Schülern ist sehr unwahrscheinlich. Elke verläßt die Klasse völlig erschöpft.“

Dieser Bericht macht zweierlei deutlich: einmal, wie sich im Verlauf einer Unterrichtsstunde durch Unsicherheit und Verärgerung des Lehrers und durch die Disziplinlosigkeit der Schüler das Klima derartig verschlechtern kann, daß ein effektives Lernen unmöglich wird; zum anderen, daß ein Lehrer auf Dauer eine derartige Belastung psychisch nicht durchhalten kann. Es läßt sich auf Grund des Berichtes leicht vorstellen, daß die Lehrerin die nächste Unterrichtsstunde in dieser Klasse mit noch größerer Unsicherheit beginnen wird und daß die Schüler darauf mit noch größerer Feindseligkeit und Apathie reagieren werden. Ein Teufelskreis schließt sich, der Lehrern und Schülern den Unterricht zur Qual machen kann. Im folgenden soll daher überlegt werden, wie derartige Situationen vermieden oder entspannt werden können und wie der Lehrer im eigenen Interesse und in dem seiner Schüler befriedigender arbeiten kann.

4.1 Die Erwartungen der Schüler an den Lehrer

Wichtige Voraussetzung für die Arbeit des Lehrers ist es, sich über die Erwartungen seiner Schüler ihm gegenüber im klaren zu sein; nur dann wird er das Verhalten der Schüler richtig beurteilen und angemessen darauf reagieren können.

Aus Befragungen von Schülern wird deutlich, daß diese sich beim Lehrer folgende Verhaltensweisen wünschen: Kooperation mit den Schülern, demokratische Haltung, Freundlichkeit, Rücksichtnahme auf den einzelnen und Geduld[65]. Eine Untersuchung von Ruppert erbrachte als Rangfolge von Lehrereigenschaften, die ihn im Schülerurteil sympathisch machen: Liebe–Güte–Wohlwollen – Frohsinn – Gerechtigkeit – Verständnis – Ordnung[66]. Schüler erhoffen sich also einen liebevollen, hilfsbereiten, partnerschaftlichen Lehrer. Genau diese Einstellungen den Schülern gegenüber haben sehr viele Junglehrer; sie haben ihren Dienst mit der festen Absicht angetreten, sich Schülern gegenüber freundlich, partnerschaftlich, „menschlich" zu verhalten. Gerade mit diesen Einstellungen aber erleidet der Lehrer häufig Schiffbruch. Die Schüler scheinen ein großzügigeres, weniger strafendes, schülerorientiertes Verhalten des Lehrers als Schwäche auszulegen, und sie bestrafen seine guten Absichten mit Disziplinlosigkeit. Der Lehrer reagiert darauf enttäuscht und neigt rasch dazu, mit „bewährten" Zwangsmitteln die Disziplin wiederherzustellen. Die Aufforderung einzelner Schüler an den Lehrer, „endlich einmal durchzugreifen, sich nicht alles gefallen zu lassen", bestärkt den Lehrer dann in seiner Auffassung, daß die Schüler von ihm eher autoritäres als partnerschaftliches Verhalten erwarten, daß schulisches Lernen eher ermöglicht wird, wenn man den Schülern weniger Freiräume läßt. Der Widerspruch zwischen den Erwartungen und dem Verhalten der Schüler ist zu erklären durch deren Verunsicherung, die ein Lehrer bewirkt, wenn er kein typisches Rollenverhalten zeigt. Durch Provokationen und Disziplinlosigkeiten wollen die Schüler den Lehrer zwingen, doch die Rolle des „typischen Lehrers" zu spielen, das heißt, sich autoritär zu verhalten, Zwangsmittel anzuwenden.

Die Schüler haben die Schule nun einmal als Zwangsinstitution kennengelernt: Klassenarbeiten, Zeugnisnoten, die Frage der Versetzung und Nichtversetzung, der Numerus clausus u.a. werden vom Schüler als permanente Bedrohung empfunden, die Angst auslöst. Für diese Angst wird der Lehrer verantwortlich gemacht, in dem sich die Zwänge des Schulsystems personalisieren. Ein Lehrer, der versucht, im täglichen Umgang mit den Schülern weniger Druck auszuüben und die Selbständigkeit der Schüler anzuregen, muß diesen einerseits unglaubwürdig erscheinen, da er ja doch nur partiell die Schülerängste vermindern kann – er ist selbst gezwungen, zu beurteilen, Klassenarbeiten zu schreiben, Noten zu geben – andererseits stellt er für die Schüler ein geeignetes Ventil dar, dem sonst vorherrschenden schulischen Druck auszuweichen, ja sich an ihm als Stellvertreter für das Schulsystem zu rächen.

Durch Disziplinlosigkeit im Unterricht aber wird ein effektives Lernen verhindert, und die Schülerleistungen sinken. Damit aber werden die schulischen und beruflichen Chancen der Schüler verringert, wofür von Eltern und Schülern wieder der Lehrer verantwortlich gemacht wird, der es nicht versteht, einen guten Unterricht zu halten. Trotz bester Absichten erlebt der Lehrer eine Kette von Mißerfolgen, die seine ursprünglichen Einstellungen und Überzeugungen in Frage stellen und ihn sehr rasch zu Verhaltensänderungen veranlassen können.

Das oben dargestellte Beispiel macht deutlich, wie selbst innerhalb einer Unterrichtsstunde das ursprünglich eher partnerschaftliche Verhalten einer Lehrerin in stark autoritäres umschlägt. Die Kluft zwischen Theorie und Praxis zeigt sich hier ganz konkret. Die Folge ist eine starke Verunsicherung des Lehrers, der sich aufgrund seiner ursprünglichen Einstellungen nicht mehr mit seinem eigenen – autoritären – Verhalten identifizieren kann. Damit empfindet der Lehrer seine Tätigkeit als entfremdete Arbeit. „Lehrerarbeit ist faktisch entfremdete Arbeit; den an ihn gestellten bzw. den selbst gestellten Ansprüchen kann der Lehrer gar nicht gerecht werden. Die Gründe für sein Scheitern wird er zunächst bei sich selbst suchen. Das ist aber auf lange Sicht nicht zu ertragen, so daß er sie schließlich seinen Schülern, von denen er sich enttäuscht sieht und die ‚es ja gar nicht anders haben wollen', zuschreibt..."[67] Ein gegenseitiges Mißverständnis ist die Ursache für Konflikte zwischen dem Lehrer und seinen Schülern. „Die Schüler haben die guten Absichten des Lehrers nicht erkannt, der Lehrer hat die schlechten Erfahrungen der Schüler mit der Schule nicht richtig eingeschätzt... Das Ergebnis ist gegenseitige Enttäuschung."[68]

Wichtige Vorbedingung dafür, daß der Lehrer an der Schule nicht verzweifelt, daß er nicht seine berechtigten Überzeugungen aufgibt, ist daher eine genaue Kenntnis der Ursachen des Verhaltens seiner Schüler; auf dieser Grundlage wird es ihm möglich sein, zwischen persönlichen und systembedingten Ursachen von Konflikten zu differenzieren und eigene Verhaltensunsicherheiten abzubauen. Hier haben – nachdem bisher überwiegend die Notwendigkeit einer Praxisorientierung betont wurde – theoretische Veranstaltungen in der Lehreraus- und -weiterbildung einen wichtigen Platz.

4.2 Der sozialintegrative Führungsstil – eine Technik zum Umgang mit Schülern

In dem Dilemma des Lehrers, partnerschaftlich mit seinen Schülern umgehen zu wollen, aber doch immer wieder in autoritäre Verhaltensweisen zurückzufallen – als Beispiel kann der oben wiedergegebene Bericht dienen –, scheint die Erforschung pädagogischer Führungsstile dem Lehrer sehr brauchbare Hilfen anzubieten. Übereinstimmend zeigten dabei die älteren, meist mit Experimentalgruppen durchgeführten Untersuchungen Lewins und seiner Mitarbeiter wie auch die Studien von Anderson und Gordon in der Schule eine eindeutige Überlegenheit des sozialintegrativen (oder demokratischen) Führungsstils gegenüber dem autokratischen und dem laissez-faire-Stil.

Der autokratische Führungsstil ist gekennzeichnet durch ein hohes Maß an äußerer Lenkung und Kontrolle der Schüler, während die emotionale Zuwendung des Lehrers gegenüber den Schülern als kühl und abweisend zu charakterisieren ist. Der laissez-faire-Stil stellt dagegen eher eine Form der Nicht-Führung dar. Der Lehrer lenkt und kontrolliert nicht, er läßt den Schülern dadurch zwar ein hohes Maß an Freiheit, zeigt aber weder positive noch negative Gefühle, er steht den Kindern gleichgültig gegenüber. Das wünschenswerte Erzieherverhalten scheint im sozialintegrativen Führungsstil zu liegen, der durch ein hohes Maß positiver emotionaler Zuwendung des Lehrers zum Schüler, verbunden mit einem mittleren Maß an Lenkung und Kontrolle, beschrieben wird[69]. Die Überlegenheit des sozialintegrativen Führungsstils zeigte sich sowohl hinsichtlich der emotionalen Befriedigung als auch des Arbeitsverhaltens und der Leistung der Schüler. Während der autokratische Stil zwar recht gute Arbeitsergebnisse bei den Schülern zur Folge hat – dies allerdings nur, solange der Lehrer selbst in der Klasse anwesend ist und die Schüler kontrolliert – sind Arbeitsmoral und positive emotionale Beziehungen innerhalb der Klasse stark unterentwickelt. Das Klima ist gekennzeichnet durch Spannungen zwischen den Schülern, Aggressivität gegenüber dem Lehrer bei den einen, Unterwürfigkeit bei den anderen. Spontane Äußerungen sowie Eigeninitiative im sozialen Kontakt und im Arbeitsverhalten sind selten. Der Wunsch, aus der Situation zu entweichen, ist bei fast allen Schülern groß.

Auch bei der Verwirklichung eines laissez-faire-Stils sind Unzufriedenheit und Spannungen in der Klasse stark vorhanden; die Arbeitsmoral und die Arbeitsleistung sind gering[70].

Die positiven Auswirkungen des sozialintegrativen Führungsstils faßt Nickel aufgrund einer Analyse der vorliegenden Untersuchungen zusammen: „Auf seiten der Gruppenmitglieder zeigte sich... eine zufriedenere Arbeitsatmosphäre, es traten weniger Spannungen auf; dafür waren größere Spontaneität und Vielfalt im Verhalten zu beobachten. Die zwischenmenschlichen Beziehungen der Kinder waren freundlicher und sachbezogener, die

Gruppenmitglieder ließen untereinander weniger dominantes Verhalten erkennen, und es kam zu einer freien Bildung von Untergruppen. Die Beziehungen zum Gruppenleiter waren weniger durch Unterwürfigkeit oder Aggressivität gekennzeichnet und vollzogen sich mehr auf gleichberechtigter Basis. Die Unzufriedenheit mit dem Gruppenleiter war wesentlich geringer. Wenn er verspätet eintraf, waren die Kinder bereits bei der Arbeit, verließ er zeitweilig den Raum, trat keine wesentliche Änderung der Aktivität und Leistung ein. Das quantitative Ergebnis der Arbeit war zwar etwas geringer als in den autoritär geführten Gruppen, die Befriedigung des Einzelnen, insbesondere die persönliche Bindung an das Werk, die Identifikation mit der Leistung, war hier jedoch wesentlich größer." [71] In einer Untersuchung von Gordon war auch die Arbeitsleistung von sozialintegrativ geführten Schulklassen höher als die autoritär geführter Klassen [72].

Es ist das unbestreitbare Verdienst von A. und R. Tausch und ihren Mitarbeitern, die globalen Typologien des Lehrerverhaltens, die mehr einer Charakterisierung der Lehrerpersönlichkeit – z. B. als autoritär oder demokratisch – dienten, als daß sie dem Lehrer konkrete Hilfen zur Verhaltenssteuerung boten, weiterentwickelt zu haben in Richtung auf eine Analyse und die Möglichkeit zur Veränderung konkreten Verhaltens. Dies wird dadurch möglich, daß globales Verhalten in einzelne Verhaltensmerkmale zerlegt und diese wieder auf beobachtbares Lehrerverhalten bezogen werden. Ein sozialintegrativer Führungsstil wäre dann nach Tausch und Tausch durch die folgenden Verhaltensmerkmale gekennzeichnet: Wertschätzung, Verständnis, soziale Reversibilität. Dazu kommen die Merkmale freundliches Verhalten, höfliches Verhalten, Ermutigung, Optimismus und ruhiges Verhalten, die jedoch in den drei ersten Merkmalen bereits enthalten sind [73].

Tausch und Tausch ordnen nun einzelne Verhaltensweisen, vor allem aber sprachliche Äußerungen des Lehrers, diesen Verhaltensmerkmalen zu. So kann sich eine wertschätzende Haltung des Lehrers gegenüber Schülern beispielsweise in folgenden Lehreräußerungen ausdrücken: „Sagt mir bitte, wenn ich euch etwas erklären soll"; „Eure Vorschläge haben mir sehr geholfen"; „Entschuldigt bitte mein Versehen". Äußerungen von Geringschätzung wären etwa: „Los, beweg dich mal ein bißchen", „So einen Blödsinn kannst auch nur du verzapfen". Ein Beispiel für Verständnis ist: „Du hast dich so angestrengt; trotzdem sind dir ein paar dumme Fehler unterlaufen", für Unverständnis: wenn ein Lehrer auf eine falsche Schülerantwort hin z. B. sagt: „Du schläfst, schlaf weiter." Mit dem Begriff der sozialen Reversibilität bezeichnen Tausch und Tausch Lehreräußerungen gegenüber dem Schüler, die dieser in gleicher Weise gegenüber dem Lehrer gebrauchen könnte. Eine umkehrbare (reversible) Lehreräußerung ist z. B. „Würdest du das bitte wiederholen?" Mit den gleichen Worten könnte sich ein Schüler an den Lehrer wenden. Irreversibel sind Äußerungen wie: „Haltet den Mund! Fang endlich an! Habt ihr keine Augen im Kopf?" Ein Schüler, der in dieser Weise den Lehrer anspräche, würde als frech und unverschämt gelten.

Die Beispiele machen deutlich, daß es Tausch und Tausch gelungen ist, in der Schule praktisches Lehrerverhalten beobachtbar und analysierbar zu machen. Damit ist aber auch ein erster Schritt in Richtung auf eine Verhaltensänderung des Lehrers getan. Über genaue Verhaltensanalysen mit Hilfe von Tonband- und Fernsehaufzeichnungen (damit arbeitet die Methode des Microteaching) und durch Verhaltenstrainingsgruppen ist es – so Tausch und Tausch – möglich, den sozialintegrativen Führungsstil zu erlernen und so zu einer befriedigenderen Interaktion zwischen Schülern und Lehrer zu gelangen. Da jede Unterrichtsstunde ganz wesentlich von unbedeutenden „Kleinigkeiten" beeinflußt wird (z. B. unklare Arbeitsanweisungen, Ablenkung der Schüler durch Besonderheiten des Lehrers u. v. a.), kann jedem Lehrer die Teilnahme an einer Trainingsgruppe in der von Tausch und Tausch entwickelten Form nur empfohlen werden, da sie ihm die Möglichkeit bietet, die Wirkung seines Verhaltens, seiner Art, mit Schülern zu sprechen, oder kleiner Ungeschicklichkeiten zu erfahren und in Richtung auf eine Verhaltensänderung an sich zu arbeiten. Trotzdem müssen einige bedeutende Einwände gegen das Konzept von Tausch und Tausch erhoben werden.

Auch wenn für die Autoren die hinter einem Verhalten stehenden Einstellungen und Persönlichkeitsmerkmale des Lehrers wichtig sind [74], so erweckt doch die Darstellung ihres Ansatzes insgesamt den Eindruck, als handle es sich beim sozialintegrativen Führungsstil lediglich um eine Technik zur Beeinflussung von Kindern und Jugendlichen, als stelle er dem Lehrer ein Repertoire zur Verfügung, mit dessen Hilfe er seine unterrichtlichen und erzieherischen Ziele am effektivsten – und ohne große Widerstände erwarten zu müssen – bei seinen Schülern erreichen könne. Der Lehrer scheint ein Manipulationsinstrument in der Hand zu haben, das geeignet ist, den Widerstand von Kindern und Jugendlichen gegen die Inhalte des schulischen Lernens zu brechen. Die schulischen Zwänge werden in dem Konzept nicht mitbedacht. Der Lehrer übt diese Zwänge weiterhin aus – er muß es ja tun – weicht aber dem Gegendruck der Schüler aus, indem er ihnen ständig das Gefühl gibt, daß der Lehrer Verständnis für sie habe. Die schulischen Probleme werden von Tausch und Tausch nur auf der Ebene einer gelungenen oder mißlungenen Lehrer-Schüler-Interaktion gesehen. Das Konzept gibt lediglich eine Antwort darauf, *wie* effektiver gelernt werden kann; die Entscheidung darüber, *was* gelernt werden soll, bleibt anderen überlassen. Sozialintegratives Vorgehen mag dem Lehrer viel alltäglichen Ärger ersparen und ihm seine Arbeit erleichtern; für den kritischen Lehrer aber ist ein erfolgreiches Praktizieren dieser Technik noch keine Gewähr dafür, daß er mit seiner Arbeit zufrieden ist, daß er sich mit ihr identifizieren kann.

Die Art des Vorgehens bei Tausch und Tausch läßt darüber hinaus den Einwand zu, es handle sich beim sozialintegrativen Führungsstil gar nicht um eine echte partnerschaftliche Beziehung zwischen Lehrer und Schülern. Schülerverhalten wird in voller Abhängigkeit vom Lehrerverhalten gesehen; die Beeinflussung des Lehrers durch das Verhalten der Schüler wird nicht diskutiert. Der Lehrer hat in diesem Konzept die Aufgabe, sich vollkommen zu kontrollieren, negative Affekte gegenüber Schülern nicht zu zeigen, letztlich affektlos zu sein. Eine Handlungsanweisung, die Tausch und Tausch dem Erzieher für die Bewältigung von Disziplinschwierigkeiten geben, kann das verdeutlichen: „Je weniger affektiv, persönlich betroffen und je wertschätzender Worte und Stimmführung des Erwachsenen sind, mit echter bedauernder Einstellung für die Schwierigkeiten des Kindes-Jugendlichen im gegenwärtigen Stadium und für die Notwendigkeit der Realisierung gewisser Maßnahmen, desto geringeren Widerstand empfinden Jugendliche vermutlich gegen die Person des Erwachsenen und desto mehr erleben sie, daß die nachteiligen Folgen mit ihrem eigenen Verhalten zusammenhängen.“[75] Der Lehrer darf also möglichst nie persönlich betroffen sein oder zumindest sollte er seine Betroffenheit „in Worten und Stimmführung“ dem Jugendlichen gegenüber nicht zum Ausdruck bringen. Der Erwachsene wird zur „Gummiwand“, an der Widerstände von Schülern abprallen und auf sie selbst zurückgeworfen werden. Ein derart affektloser Erzieher kann für den Jugendlichen nicht ein Bild des Erwachsenen darstellen, mit dem sich zu identifizieren sich lohnt. Die Unterdrückung von Affekten kann aber auch der psychischen Gesundheit des Lehrers nicht dienen. Darüber hinaus kann angenommen werden, daß Jugendliche ein derartiges Lehrerverhalten als unecht erleben und darin eine Herausforderung sehen, den Lehrer so lange zu provozieren, bis dieser seine echten Gefühle zeigt.

Ein Lehrer, der partnerschaftlich mit seinen Schülern zusammenarbeiten will, muß sich ihnen als ganze Person stellen; dazu gehört, daß er auch Gefühle von Betroffenheit, Enttäuschung und Ärger, ja auch von Ratlosigkeit gegenüber einzelnen Verhaltensweisen von Schülern zeigt. Nur dadurch erhalten Kinder eine Rückmeldung, wie ihr eigenes Verhalten auf andere – auch auf Erwachsene – wirkt; das aber ist eine wichtige Sozialisationserfahrung für sie. Der Lehrer aber muß nicht jede spontane Reaktion unterdrücken, ein bestimmtes Rollenverhalten zeigen, sondern er darf, ja muß sich als Gesamtperson in die jeweilige Situation einbringen; das ist seiner psychischen Gesundheit sicher zuträglicher als die Vorstellung einer gefühllosen „Retortenfigur“[76].

Es soll abschließend noch einmal betont werden, daß der sozialintegrative Führungsstil mit seinen Verhaltensmerkmalen, wie Wertschätzung, Verständnis, Freundlichkeit, Höflichkeit usw., durchweg positiv einzuschätzen ist, wenn dahinter eine entsprechende Einstellung des Lehrers steht, daß die Pädagogik aber nicht nur eine „Stil“frage ist, sondern darüber hinaus eine Reflexion pädagogischer und gesellschaftlicher Normen und Ziele durch den Lehrer erforderlich ist, damit dieser sich mit seinem Beruf identifizieren kann[77].

Auch die im Anschluß an die Führungsstilforschung entwickelten Verhaltenstrainingsmethoden stellen für den Lehrer eine unersetzbare Hilfe dar, damit er seine Zielvorstellungen – wenn nötig durch ein verändertes Verhalten – in der Arbeit mit seinen Schülern realisieren kann; diese Zielvorstellungen aber muß er unabhängig von den Verhaltenstrainingsmethoden entwickeln, um nicht Verhaltenstechniken mit pädagogischen Zielen und Inhalten zu verwechseln und so – bewußt oder unbewußt – zum geschickten Manipulator seiner Schüler zu werden. Für den Lehrer mit einer demokratischen Einstellung, mit der Absicht, diese Einstellung auch im Umgang mit Kindern wirksam werden zu lassen, stellen Verhaltenstrainingsprogramme dann eine geeignete Hilfe dar, sein Verhalten entsprechend seiner Einstellung zu steuern, eine befriedigende Beziehung zu seinen Schülern zu entwickeln und dabei nicht gegen seine Überzeugungen handeln zu müssen.

4.3 Disziplinschwierigkeiten – ein tägliches Problem des Lehrers

Es wurde schon an anderer Stelle erwähnt, daß Disziplinprobleme heute ein zentrales pädagogisches Thema sowohl im Erleben des Lehrers als auch in der öffentlichen Diskussion sind [78]. Dabei handelt es sich nicht mehr um harmlose Schülerstreiche, sondern um aggressives, brutales Verhalten von Schülern gegen ihre Klassenkameraden und gegen Lehrer, ein Verhalten, das heute zum Schulalltag gehört. Viele Lehrer klagen, daß ein geordneter Unterricht nur noch selten möglich sei, daß die besten Absichten, Schüler für unterrichtliche Inhalte zu motivieren, am Desinteresse der Schüler und an permanenten Unterrichtsstörungen durch disziplinloses Verhalten scheiterten. Auszüge aus einem Interview mit einem Lehrer über Disziplinschwierigkeiten mögen das illustrieren: „Das geht z. B. im Unterricht, wenn man das erlebt, wenn sich einer meldet und was Richtiges sagt, dann wird er gleich von der Gegenpartei ausgebuht. Er wär' ein Arschloch, er wär' beschissen, alles während des Unterrichts. Und das passiert laufend, wenn einer an die Tafel kommt und macht was, dann brüllt irgendeiner schon: ‚Du doofe Sau, hätt' ich auch so machen können, setz dich bloß wieder hin!' Während des Unterrichts! ... Die Aggressionen untereinander, die waren sehr stark, als ich die Klasse bekam. Die hatten so quasi Schlägereien, Kung-Fu-Tritte in den Rücken, Kung-Fu-Tritte in den Magen ... also am Anfang meiner Lehrerzeit, da war es unheimlich schlimm für mich zu sehen, wie Menschen, mit denen man zusammen ist, wie die sich verhalten können. Einmal das überhaupt zu erleben, war 'ne Schwierigkeit, war so ein Schock, ein kleiner Kulturschock. Und dann Mechanismen zu finden, mit diesen Sachen fertig zu werden, gab es am Anfang keine Möglichkeit, und ich hatte auch kein pädagogisches Konzept ..." [79]

Das Interview zeigt die täglichen Aggressionen und Disziplinschwierigkeiten, mit denen der Lehrer im Unterricht zu kämpfen hat, es zeigt aber auch das Erschrecken (den Schock) des Lehrers über das Verhalten seiner Schüler („alles während des Unterrichts!") sowie das Fehlen eines pädagogischen Konzepts, um mit diesen Schwierigkeiten fertig zu werden. Die alltägliche Streßsituation, welcher der Lehrer in der Schule ausgesetzt ist, und das Fehlen pädagogischer Handlungsorientierungen stellen für den Lehrer eine permanente psychische Belastung dar. Es können hier nicht die Erscheinungsformen und Ursachen der schulischen Disziplinschwierigkeiten behandelt werden, sondern es sollen lediglich einige Anregungen für ein adäquates Verhalten des Lehrers gegeben werden, die ihm seine schulische Arbeit erleichtern können.

Trotzdem muß klargestellt werden, daß ein wirksamer Abbau von Disziplinschwierigkeiten nur über eine Veränderung der sie bedingenden Faktoren möglich ist. Diese Faktoren zu kennen, seien sie nun familiär, schulisch oder gesellschaftlich bedingt, ist für den Lehrer wichtig. Die folgenden Ausführungen jedoch gehen von der Prämisse aus, daß auch die direkte Interaktion zwischen dem Lehrer und seinen Schülern Möglichkeiten für einen Abbau von Disziplinschwierigkeiten enthält. Dabei sind Präventivmaßnahmen wichtiger, da es Rezepte für ein Handeln im akuten Konfliktfall nicht geben kann; hier kann nur Sensibilität des Lehrers für die Situation und Verständnis für die Probleme seiner Schüler weiterhelfen. Möglichkeiten zur Sensibilisierung des Lehrers durch Selbsterfahrungs- und Verhaltenstrainingsgruppen wurden bereits in Kapitel 3 genannt.

4.3.1 *Motivation der Schüler*

Unter der sinnigen Überschrift „Vorbeugen ist besser als Heulen“ macht Johannes Beck einige Vorschläge, wie der Lehrer auch im gegenwärtigen Schulsystem Disziplinproblemen und den Ängsten und Aggressionen der Schüler entgegenwirken kann. Die folgende Darstellung lehnt sich unter anderem an diese Vorschläge an[80].

Ein wichtiger Grund für Langeweile und Disziplinlosigkeit im Unterricht liegt in der fehlenden Motivation der Schüler für die angebotenen Lernstoffe. Wenn Schüler zum Lernen motiviert sind, wenn ihnen die Beschäftigung mit einer Sache Spaß macht, besteht kein Grund für Störungen des Unterrichts. Daß Kinder gern lernen, kann man erkennen, wenn man sie beim Spiel oder bei ihren selbstgewählten Hobbies beobachtet. Während sie hier zu erstaunlichen Leistungen fähig sind, scheinen in der Schule vor allem Trägheit und Desinteresse zu herrschen. Die fehlende Motivation zu schulischem Lernen aber rührt daher, daß Kinder den Sinn des Lernens nicht einsehen, daß schulische Arbeit nicht der Lösung ihrer aktuellen Probleme oder der Befriedigung ihrer Bedürfnisse dient.

Aufgabe des Lehrers ist es daher, soweit wie möglich von den Problemen der Schüler auszugehen, sie zum Gegenstand des Lernens zu machen. Das bedeutet, daß der Lehrer die Schüler in die Unterrichtsplanung miteinbezieht, nicht in der Art, daß er sie darüber abstimmen läßt, ob sie die „Antigone“ lieber in der Fassung von Sophokles, von Anouilh oder – wie modern – von Brecht behandelt sehen möchten, sondern indem er permanent bereit ist, Inhalte und Methoden schulischen Lernens mit ihnen zu diskutieren und ihre Wünsche und Vorschläge aufzugreifen. Besonders geeignet für ein solches Vorgehen ist die Arbeit an Projekten, auf die später noch zurückzukommen sein wird. Beck gibt einige Beispiele: „Die Schüler machen eine Klassenzeitung. Dazu müssen sie Schreiben, Zeichnen, Drucken, Photographieren, Entwickeln, Rechnen, Recherchieren usw. lernen, weil sie es jetzt brauchen ... Die Schüler machen einen Bildband über ihren Stadtteil, ihr Dorf, ihre Schule ..., den sie verkaufen, um sich dann wieder neue Materialien (Papier, Farbe, Werkzeug etc.) kaufen zu können: Produktion für den eigenen Bedarf und für den Tausch auf dem Markt, um den eigenen Bedarf decken zu können.“[81]

Aber auch im normalen Unterricht bleibt dem Lehrer Raum für die Einbeziehung der Schüler in seine Unterrichtsplanung. Herbert R. Kohl hat das an vielen Beispielen deutlich gemacht[82]. „Für eine gute Unterrichtsvorbereitung ist Voraussetzung, daß der Lehrer in der Klasse ständig seine Beobachtungen macht und sie in seine Überlegungen einbezieht: Bei welchen Schülern zeigt sich ein bestimmtes Interesse? Und wofür? Wer ist an dieser Sache nicht interessiert? In welchen Richtungen bewegen sich die Schüler gerade? Nur so kann der Lehrer herausfinden, wo die Interessen und die Fähigkeiten seiner Schüler vermutlich liegen. Und wenn sich dann bei ihnen ein Interesse für verschiedene Aspekte einer Sache zeigt, kann er ihnen Bücher zur Verfügung stellen, Hinweise geben und Vorschläge machen. Zur Planung eines nichtautoritären Unterrichts gehört es, daß man von vornherein auf die Möglichkeit plötzlicher Richtungsänderungen eingestellt ist. Da können Dinge überraschend aufgegriffen, ebenso überraschend wieder fallengelassen und auf die verschiedenste Art und Weise weiterverfolgt werden.“[83]

Eine Unterrichtsplanung und -durchführung, die an den Interessen der Schüler ausgerichtet ist, wird kurzfristig sicher Schwierigkeiten bereiten, da die Schüler eine Mitbestimmung in unterrichtlichen Fragen nicht gewöhnt sind; auch wird die Angst des Lehrers, den vorgeschriebenen Stoff nicht bewältigen zu können, anfangs groß sein, längerfristig gesehen aber stellt diese Form die einzige Möglichkeit dar, die Schüler zum Lernen zu motivieren und Disziplinkonflikten vorzubeugen. Um die genannten Ängste und Anfangsschwierigkeiten zu überwinden, muß der Lehrer sich nur klarmachen, wieviel Leerlauf im herkömmlichen Unterricht durch Unaufmerksamkeit und störendes Verhalten der Schüler vorhanden ist.

4.3.2 *Veränderung von äußeren Bedingungen des Lernens*

Einige äußere Bedingungen müssen erfüllt sein, damit ein an den Schülerbedürfnissen orientierter Unterricht durchgeführt werden kann. Sie sind nicht immer durch den einzelnen Lehrer herzustellen, aber durch das Artikulieren seiner Vorstellungen und durch die Zusammenarbeit im Lehrerkollegium kann er sie doch mitbeeinflussen. Zu diesen Bedingungen gehört, daß der Lehrer in möglichst wenigen Klassen möglichst viele Fächer in zusammenhängenden Stunden unterrichtet. Ein Eingehen auf die Schülerbedürfnisse und eine Arbeit an Projekten wird nur so effektiv möglich sein. Dem steht das Fachlehrerprinzip an den Höheren Schulen und die Tendenz dazu an den Hauptschulen im Wege, aber auch eine Stundenplangestaltung, die nur an organisatorischen Prinzipien, nicht an pädagogischen Erkenntnissen ausgerichtet ist. Das Fachlehrerprinzip hat sicher den Vorteil, daß der Lehrer sich für bestimmte Unterrichtsgegenstände kompetenter fühlt als der „Allround-Lehrer“, der auch Fächer unterrichten muß, zu denen er keinen Bezug hat. In der schulischen Praxis aber werden doch sehr viele Lehrer fachfremd eingesetzt; dann aber sollten sie bei der Stundenplangestaltung darauf dringen, daß sie ihren Fachgebieten möglichst verwandte Fächer in den Klassen unterrichten, in denen sie auch vorwiegend mit Fachunterricht eingesetzt wurden.

In der Zeiteinteilung und vom Arbeitsaufwand her „passende“ Stundenpläne des Lehrers (z.B. das Fehlen von Hohlstunden oder Unterricht bei mehreren Parallelklassen im gleichen Fach) sind, vom padagogischen Standpunkt aus gesehen, oft schlechte Stundenpläne, und sie führen leicht zur Unzufriedenheit von Schülern und Lehrern mit der geleisteten Arbeit. In vielen Schulen werden Lehrer an der Verteilung der Fächer und Klassen und an der Aufstellung der Stundenpläne beteiligt; eine gewisse Einflußnahme in Richtung auf die oben geforderten äußeren Bedingungen für eine befriedigende pädagogische Arbeit müßte möglich sein.

Zu den äußeren Bedingungen gehört auch die selbstverständlich erscheinende Forderung, daß jede Klasse einen eigenen Unterrichtsraum haben müsse. Dieser Raum sollte von Schülern und Lehrer selbständig gestaltet und den eigenen Bedürfnissen entsprechend genutzt werden dürfen. Wenn nur eine Korktafel zum

Aufhängen von Schülerarbeiten verwandt werden darf, wenn Stühle und Tische stets in einer vorgeschriebenen Anordnung verlassen werden müssen, so mag damit die Arbeit der Putzfrauen, nicht aber die von Schülern und Lehrern erleichtert werden. Die sterilen Klassenzimmer unserer Schulen, so technisch zweckmäßig sie auch eingerichtet sein mögen, sind nicht dazu geeignet, daß Schüler und Lehrer sich darin wohl fühlen. Kommunikation und Kooperation werden dadurch eher verhindert als gefördert.

Durch die Initiative von Lehrern in Zusammenarbeit mit ihren Schülern sind jedoch Veränderungen möglich. Wenn auch die Forderung von Beck, Schulräume in Werkstätten und Laboratorien umzugestalten, am Widerstand vieler Schulträger und Schulleiter scheitern dürfte, so ist es doch leicht möglich, im Klassenzimmer „Ecken“ einzurichten, in die einzelne Schüler sich zurückziehen, in denen Kleingruppen zusammenarbeiten können, in denen ausgeruht, gelesen oder gespielt werden kann. Solche Ecken können durch einen Schrank oder eine spanische Wand vom übrigen Klassenzimmer abgeschirmt werden, sie können durch ein Stück Teppichboden, eine alte Couch, durch Polster und Sitzkissen gemütlich gestaltet werden. Kinderbücher, Spielmaterial, eventuell ein Plattenspieler mit Kopfhörern stellen ein angemessenes Angebot für Schüler dar. Schon bei der Einrichtung solcher Ecken können Lehrer und Schüler gemeinsam planen und arbeiten; diese Art schulischer Arbeit ist nicht entfremdet, sondern sie dient den Bedürfnissen der Schüler. Später bieten „Ecken“ Rückzugsmöglichkeiten für die Schüler, die gerade bei Disziplinkonflikten zu einer Entspannung der Situation beitragen können.

Auch „der Abbau der Sitzschule durch einen vielgestaltigen Unterrichtsalltag unter Einbeziehung aller außerschulischen Möglichkeiten würde Schule erträglicher machen und die verschiedenartigsten Fähigkeiten der Kinder fördern – weil sie gebraucht werden“[84]. Eigeninitiative und Kreativität des Lehrers sind gefragt, wenn es darum geht, diese Möglichkeiten auszuschöpfen. Betriebspraktika und Betriebserkundungen, Gespräche in Fabriken und Büros, Besuche in Gastarbeiterunterkünften und Abbruchvierteln, auf Spielplätzen oder in einer Zeitungsredaktion sind Beispiele für die Möglichkeit, schulisches Lernen auf die gesellschaftliche Realität zu beziehen, Lernen für Schüler sinnvoll zu machen, wenn dabei von ihren Interessen und Problemen ausgegangen wird.

4.3.3 *Normen zur Regelung des Zusammenlebens*

Innerhalb der Klasse – beispielsweise im Zusammenhang mit der Einrichtung einer Rückzugszone (Ecke) im Klassenzimmer – können Schüler und Lehrer gemeinsam Normen und Regeln des Zusammenlebens erstellen. Auch Schüler haben dieses Bedürfnis nach „Rechtssicherheit“[85], und sie sind bereit, sich an die Vereinbarungen zu halten, wenn sie selbst die Regeln aufgestellt haben und ihren Sinn einsehen. Die Vielzahl von Vorschriften und Regeln, die in der Schule gelten, erscheinen Schülern eher als anonyme Zwänge, die ihren Bedürfnissen zuwiderlaufen und zur Opposition herausfordern. Aber auch hier muß der Lehrer sich hüten, selbst – auch vernünftig erscheinende – Regeln aufzustellen. Ein zunächst „gesetzloser“ Zustand ist viel eher geeignet, bei den Schülern Einsicht in die Notwendigkeit gewisser Regeln des Zusammenlebens zu wecken als die besten Argumente des Lehrers. Von der Klassenbasis aus könnten dann auch Regeln für das Zusammenleben in der Schule entwickelt werden, die von den Schülern selbst getragen werden. Die gegenwärtige Form der Schülermitverantwortung dagegen ist – wie Untersuchungen ergeben haben – völlig ungeeignet, die Interessen der Schüler zu vertreten oder die oben geschilderte Einsicht zu wecken[86]. Die Bedeutung gemeinsam gesetzter – und veränderbarer – Regeln aber erleichtert das Zusammenleben in der Schule und beugt Disziplinkonflikten vor.

4.3.4 *Abbau der Sanktionstechniken Lohn und Strafe*

Der Lehrer sollte weitgehend darauf verzichten, Lohn und Strafe als Erziehungs- und Disziplinierungsmittel seinen Schülern gegenüber einzusetzen. Wo Schüler zum Lernen motiviert sind, weil sie den Sinn ihrer Arbeit erkennen, der darin besteht, ein aktuelles Problem der Schüler zu lösen, ist der Einsatz von Sekundärmotivationen, wie sie Lohn und Strafe darstellen, ohnehin meist überflüssig. Der Schüler arbeitet ja um der Sache willen, nicht wegen einer in Aussicht gestellten Belohnung oder aus Angst vor Strafen. Solange allerdings in der Schule Klassenarbeiten geschrieben und Zeugnisse ausgestellt werden, die über die weiteren Lebenschancen eines Schülers entscheiden, ist an einen wirklichen Abbau des Lohn- und Strafsystems Schule nicht zu denken. Jochen Grell spricht in diesem Zusammenhang von den „institutionellen Strafen“ in der Schule. Sie sind in den Schulbetrieb eingebaut und funktionieren auch ohne subjektive Strafabsichten sehr effektiv[87].

Der einzelne Lehrer kann sich diesem System nicht entziehen; Noten und Zeugnisse zu schreiben, gehört zu seinen Dienstpflichten.

Trotzdem kann der Lehrer im Umgang mit seinen Schülern auf zusätzliche angsterzeugende Mittel weitgehend verzichten. Er sollte bei seinen Schülern den Notendruck nicht als zusätzliches Disziplinierungsmittel einsetzen, mit dem er ständig droht; noch weniger darf er disziplinloses Verhalten durch schlechte Noten bestrafen. Vielmehr könnte er mit den Schülern über die Realität von Zensuren diskutieren und ihnen vor allem immer wieder zeigen, daß eine schlechte Note in seinen Augen die Person des Schülers nicht herabsetzt, daß sie eine gute Beziehung zwischen Lehrer und Schüler nicht beeinträchtigen kann.

Diese Forderung ist allerdings schwer in die Praxis umzusetzen. Der (Fach-)Lehrer ist in der Gefahr, Faulheit und schlechte Leistung eines Schülers in „seinem" Fach als Affront gegen seinen Unterricht und, wenn er sich mit seinem Unterricht identifiziert, gegen seine Person zu interpretieren. Dem Schüler andererseits wird es schwerfallen, eine schlechte Note nicht als persönliche Abqualifizierung durch den Lehrer zu sehen. Aufgrund dieser naheliegenden gegenseitigen (Fehl-)Interpretation sollte der Lehrer vor allem auf den Einsatz zusätzlicher Strafen zur Disziplinierung der Schüler verzichten. Aber auch manche in der Schule übliche Belohnungspraktiken sind als sehr problematisch anzusehen. Das Verteilen von Pluspunkten für Bravheit oder von Fleißkärtchen für rege Mitarbeit mag heute belächelt werden und kaum mehr üblich sein; Das Verteilen von Preisen und Belobungen aber wird vor allem an den Gymnasien noch mit großem Ernst zelebriert, obwohl es sich nicht von der Vergabe von Fleißkärtchen unterscheidet. Die Wirkung dieser öffentlichen Belobungspraxis ist ihren ursprünglichen Intentionen entgegengesetzt. Schülern mit durchschnittlichen und schlechten Zeugnissen wird klargemacht, wie weit sie doch von lobenswerten Leistungen entfernt sind; sie werden eher resignieren, als den herausgestellten schulischen Vorbildern nachzueifern. Schüler mit guten Leistungen, die aber nicht zur Belobung ausreichten, reagieren mit Enttäuschung anstatt mit Zufriedenheit über ihr an sich gutes Zeugnis. Ausgezeichnet werden die Schüler, die schon während des Schuljahres ständig Erfolgserlebnisse hatten; den weniger Erfolgreichen und Erfolglosen wird eine weitere Frustration zugemutet. Aus pädagogischen und psychologischen Gründen ist es daher erforderlich, die Gewohnheit der Preisverteilung an den Schulen schnellstens abzuschaffen.

Daß Strafen eher als Notwehrmaßnahmen von Lehrern (teilweise auch noch als Racheakte) angesehen werden müssen denn als effektives Erziehungsmittel, kann inzwischen aufgrund von Untersuchungen als erwiesen angesehen werden[88]. Daß sie auch als Notwehrreaktionen überflüssig werden, kann nur durch ein verändertes Klima in der Schule, durch ein partnerschaftliches Verhältnis zwischen Lehrer und Schülern und vor allem durch ein Lernen, das von den Bedürfnissen der Schüler ausgeht, erreicht werden. Das wurde an anderer Stelle bereits ausgeführt.

4.4 Der Lehrer als Berater seiner Schüler

Eine wichtige Aufgabe des Lehrers wird – heute mehr denn je – in seiner Funktion als Berater von Schülern und Eltern gesehen. Auf Möglichkeiten der Elternarbeit wird an späterer Stelle eingegangen. In diesem Kapitel soll geklärt werden, wie der Lehrer seiner Beraterrolle gegenüber Schülern gerecht werden kann.

4.4.1 *Die Beratungsfunktion des Lehrers*

Die Beratungsfunktion des Lehrers ist in einem sehr komplexen Aufgabenfeld zu sehen. Ein Bereich in diesem Feld ist der der Bildungslaufbahnberatung, die vom Lehrer schon immer wahrgenommen wurde. Beim Übergang in weiterführende Schulen, bei der Auswahl des Gymnasiumstyps oder der zu wählenden Fremdsprachen wirken Lehrer häufig beratend mit. Mit der Reform der gymnasialen Oberstufe, vor allem aber durch die Einrichtung integrierter Gesamtschulen wurde eine effektive Beratung als Orientierungshilfe in einem komplizierten schulischen System zur unabdingbaren Notwendigkeit. Daß aus dieser Notwendigkeit heraus eine neue Institution, die des Beratungslehrers, geschaffen wurde, zeigt einmal, wie schwierig die Aufgabe der Bildungslaufbahnberatung für den Lehrer geworden ist, andererseits aber birgt der Einsatz spezialisierter Beratungslehrer die Gefahr in sich, daß dem Lehrer eine wichtige, für seine pädagogische Tätigkeit konstituierende Funktion genommen werden könnte; darauf wird noch zurückzukommen sein.

Eine zweite, ebenso wichtige, von der Bildungslaufbahnberatung oft nicht zu trennende Aufgabe des Lehrers ist die Beratung als Hilfe bei psychischen und sozialen Problemen seiner Schüler. Durch das Anwachsen der Häufigkeit und Schwere von Verhaltensstörungen scheint auch diese Aufgabe so schwierig geworden zu sein, daß man geneigt ist, auch sie Fachleuten – dem Beratungslehrer oder besser noch dem Schulpsychologen – zu übertragen.

Eine dritte Beratungsfunktion des Lehrers könnte in der Systemberatung gesehen werden. Dieser Begriff bedeutet, daß der Lehrer auf allen Ebenen des Schulsystems aufgrund von Erfahrungen aus seiner schulischen Praxis Veränderungen und Verbesserungen anregt – zum Beispiel in der Stundenplangestaltung, in der Durchführung der Schulaufsicht, bei der Festsetzung von Übergangsregelungen zwischen den Schulen u.a. Diese Funktion wäre äußerst wichtig, da sie aber in einem hierarchisch aufgebauten, starren Schulsystem nicht zum Tragen kommt, soll hier auf weitere Ausführungen dazu verzichtet werden[89].

Die Aufgabe der Beratung in der Schule ist also so komplex, daß sie den normalen Lehrer zu überfordern und daß der Einsatz von Fachleuten für Beratung (Beratungslehrer und Schulpsychologen) eine Entlastung des Lehrers zu bedeuten scheint; andererseits sieht sich der Lehrer im täglichen Umgang mit seinen Schülern genötigt, aber auch verpflichtet, beratend tätig zu sein. Er kann sich Rat suchenden Schülern nicht mit dem Hinweis entziehen, er sei für solche Fragen nicht zuständig; er kann die psychischen und sozialen Probleme, mit denen er in seiner Klasse täglich konfrontiert wird, nicht an einen Fachmann für Beratung abschieben, da diese Probleme immer in speziellen Situationen, in die der Lehrer involviert ist, zutage treten. Das Weiterverweisen an den Beratungslehrer bedeutet ein unzulässiges Herauslösen der Schülerprobleme aus der Situation, in der sie entstanden sind; eine Lösung des eigentlichen Konflikts wird so nicht geleistet. „Pädagogische Prozesse in der Schule werden durch die Einführung dieser Art von Beratung noch weiter aufgeteilt: für das Unterrichten ist der Lehrer zuständig, für alle daraus resultierenden Probleme – wie Lernstörungen, Leistungsversagen, Unsicherheit bei Schulübergängen usw. – ist der Beratungslehrer zuständig. Dies führt zu einer pädagogischen Dequalifikation des Lehrers auf der einen Seite und zu einer künstlichen Spaltung von Sozialisationserfahrungen des Schülers auf der anderen Seite.“[90]

Ein Lehrer, der seinen Beruf nicht nur als Unterrichtstechnologie versteht, sondern der Unterrichten und Erziehen als Einheit begreift, muß sich seiner Beratungsaufgabe stellen. Wenn Hornstein Beratung als eine spezifische pädagogische Handlungsform beschreibt[91], so liegt auch darin eine Forderung an den Lehrer, sich mit seiner Beraterrolle auseinanderzusetzen, gleichzeitig aber auch eine Möglichkeit, seine Lehrertätigkeit insgesamt als Beratung seiner Schüler zu verstehen und damit eine neue, vielleicht befriedigendere Dimension seiner Berufsrolle zu erkennen. Um dies deutlich zu machen, müssen zunächst kurz die wesentlichen Merkmale der Beratung dargestellt werden, bevor Möglichkeiten gezeigt werden sollen, wie der Lehrer als Berater für seine Schüler effektive und für sich selbst befriedigende Arbeit leisten kann.

4.4.2 *Beratung als pädagogische Handlungsform*

Ziel von Beratung ist es, dem zu Beratenden Hilfen für sein Handeln und für seine Entscheidungen zu geben. Grundvoraussetzung für eine echte Beratung ist dabei, daß der Ratsuchende sich selbständig und frei entscheiden kann. Beratung darf nicht festlegen, Verhalten vorschreiben, sondern sie ist als Hilfe zur Selbsthilfe zu verstehen, das heißt, sie zielt auf Selbständigkeit, Kritikfähigkeit, Mündigkeit und freie Entscheidungsbildung beim Ratsuchenden ab. Das aber sind in einer demokratischen Gesellschaft auch die Ziele, welche die Schule beim Schüler erreichen soll. Allerdings scheinen sich die in der Schule eingesetzten Methoden doch sehr vom Vorgehen in der Beratung zu unterscheiden.

In der Beratungssituation fragt der Ratsuchende den Berater um Rat, in der Schule dagegen fragt fast ausschließlich der Lehrer, und die Schüler antworten. Tausch und Tausch stellen aufgrund der Analyse mehrerer Untersuchungen fest, daß ein Lehrer in einer Unterrichtsstunde alle 43 Sekunden eine Frage stellt, während alle Schüler einer Schulklasse zusammen nur alle 20 Minuten eine Frage an den Lehrer richten. Von den wenigen Schülerfragen sind nur zwei Drittel sachliche Fragen; ein Drittel der Schülerfragen möchte lediglich Auskunft über die Art der Aufgabenstellung oder -durchführung erhalten[92]. „Bei durchschnittlich 30 Schülern je Klasse und 5 Unterrichtsstunden täglich stellt somit ein Schüler durchschnittlich jeden 3. Tag eine Frage an den Lehrer, während der Lehrer innerhalb von 3 Schultagen über 800 Fragen an alle Schüler der Klasse richtet.“[93] In der Schule ergibt sich also die paradoxe Situation, daß derjenige, der etwas erfahren, etwas lernen möchte (der Schüler) nicht den fragt, der über Erfahrungen und Wissen verfügt (den Lehrer), sondern der Wissende fragt den Unwissenden. Insofern stellt Schule eine Umkehrung der Situation im realen Leben dar – weil es in der Schule aber schon immer so war, wird diese Art von Unterricht als normal angesehen. Es muß stark angezweifelt werden, ob mit den üblichen Unterrichtsmethoden – das Verhältnis von Schüler- zu Lehrerfragen sei hier nur als Symptom angesehen – die Ziele Mündigkeit und Entscheidungsfähigkeit beim Schüler erreicht werden können. Die Schule müßte vielmehr Kinder und Jugendliche dazu erziehen, selbst Fragen zu stellen, Hilfsmittel heranzuziehen und sie richtig zu gebrauchen, vor Entscheidungen oder bei Problemen den Rat anderer einzuholen. So betont Hornstein, „daß eine wichtige Aufgabe der Erziehung darin besteht, Beratungsfähigkeit herzustellen"[94]. Es sei die These aufgestellt, daß ein Schüler mehr gelernt hat, wenn er Nachschlagwerke, Lexika, Wörterbücher, Fachliteratur schnell und richtig gebrauchen kann und wenn er Bescheid weiß, bei welchen Personen und Institutionen er sich bei Problemen beraten lassen kann, als wenn er abfragbare Inhalte lernt, die in der Regel rasch wieder vergessen werden.

Beratung als pädagogische Handlungsform in der Schule bedeutet also die Herstellung von Beratungsfähigkeit bei den Schülern. Eine Voraussetzung, um dies zu erreichen, ist, daß die Schüler zur Erarbeitung der Unterrichtsgegenstände motiviert sind, daß ihnen an einer Lösung der im Unterricht behandelten Probleme gelegen ist – was, wie oben gezeigt wurde, nur in einem an den Schülerbedürfnissen ausgerichteten Unterricht möglich ist. In einem solchen Unterricht kann sich der Lehrer den Schülern als Helfer und Berater zur Verfügung stellen. Die Rolle des Beraters weist auch Rogers dem Lehrer zu. Im Zentrum des Unterrichts stehen die von den Schülern selbst bestimmten Lernprozesse, bei deren Verwirklichung der Lehrer den Schülern als Berater hilft[95]. Dem Lehrer fallen dabei einige wichtige Aufgaben zu:

„(1) Der Berater trägt viel dazu bei, die Ausgangsstimmung oder das anfängliche Klima für das Geschehen in der Gruppe oder der Klasse zu schaffen.

(2) Der Berater hilft, die Ziele der einzelnen Mitglieder der Klasse wie die allgemeinen Absichten der Gruppe ans Licht zu bringen und abzuklären.

(3) Er vertraut darauf, daß jeder Lernende wünscht, solche Vorhaben durchzuführen, die für ihn Sinn haben – worin ja die motivierende Kraft für wirksames Lernen liegt.

(4) Er bemüht sich, ein möglichst breites Angebot von Hilfsquellen, mit denen gelernt werden kann, zu organisieren und leicht verfügbar zu machen.

(5) Sich selbst betrachtet der Berater als ein flexibles Hilfsmittel, das die Gruppe nutzen kann.

(6) In seiner Reaktion auf Äußerungen in der Klasse akzeptiert

er sowohl intellektuelle Inhalte wie emotionsgeladene Stellungnahmen. Dabei versucht er, jedem Aspekt annähernd soviel Gewicht zu geben, wie dieser für den einzelnen oder die Gruppe hat.

(7) Wenn sich die Atmosphäre gegenseitiger Anerkennung in der Klasse festigt, kann der Berater in zunehmendem Maß zu einem Mitlernenden, zu einem Mitglied der Gruppe werden und seinen Standpunkt als lediglich einen unter mehreren zum Ausdruck bringen.

(8) Er ergreift die Initiative, sich selbst – seine Gefühle wie seine Gedanken – der Gruppe mitzuteilen, ohne damit etwas zu fordern oder aufzudrängen. Er bringt einfach sich persönlich ein, ob nun die Lernenden davon Gebrauch machen oder nicht.

(9) Im gesamten Erfahrungszusammenhang der Klasse bleibt er hellhörig gegenüber Äußerungen, die auf tiefe oder starke Gefühle hinweisen.

(10) In seiner Funktion als Berater des Lernens bemüht sich der Leiter, seine eigenen Grenzen zu erkennen und zu akzeptieren."[96]

Daß von Schülern selbst initiierte Lernprozesse, an denen der Lehrer als Berater mitwirkt, auch im herkömmlichen Schulwesen zumindest im Ansatz möglich sind, haben Beispiele gezeigt[97]. Allerdings darf auch nicht übersehen werden, daß der Beraterrolle des Lehrers seine Funktion als Beurteiler der Schüler im Wege steht. Ein Schüler, der den Lehrer um Rat fragt, der mit ihm schulische oder persönliche Probleme bespricht, muß immer befürchten, daß seine Fragen vom Lehrer als Zeichen fehlenden Wissens und mangelnden Verständnisses eingestuft werden und ihn bei der Leistungsbeurteilung und Notengebung beeinflussen. Diese Gefahr bleibt bestehen, solange im Schulwesen Klassenarbeiten und das Erteilen von Zeugnissen zwingend vorgeschrieben sind. Trotzdem sollte sich der Lehrer, der seine Aufgabe vorwiegend in der Beratung seiner Schüler sieht, darum bemühen, der Notengebung persönlich möglichst wenig Gewicht zu geben und den Schülern durch sein Verhalten deutlich zu machen, daß die Zeugnisnoten eines Kindes oder Jugendlichen für ihn kein Maßstab zur Beurteilung der gesamten Person sind. In von Schülern selbst bestimmten Lernprozessen erhält das Urteil des Lehrers ohnehin weniger Gewicht, da die Erreichung eines angestrebten Lernziels dem Schüler die Möglichkeit der Selbstkontrolle gibt. Der Lehrer wird dadurch frei, im Interesse der Schüler und mit ihnen gemeinsam die angestrebten Ziele zu erreichen und Probleme auf dem Weg dahin zu lösen.

Um Schüler aber sowohl bei unterrichtlichen wie bei persönlichen Problemen beraten zu können, braucht der Lehrer sehr viel Einfühlungsvermögen, das zwar nicht in Kursen erlernt werden kann, das aber bei einer entsprechenden Einstellung des Lehrers doch durch die Anwendung bestimmter Beratungstechniken verbessert werden kann.

4.4.3 *Die nicht-direktive Beratung – eine Hilfe zur Verbesserung der Lehrer-Schüler-Beziehung*

Wenn in diesem Kapitel die nicht-direktive Beratung als Möglichkeit des Lehrers, seinen Schülern zu helfen, vorgestellt wird, so sollen damit nicht andere Beratungsverfahren in ihrer Bedeutung geschmälert werden, doch scheinen diese anderen Verfahren in der Schule kaum durchführbar zu sein. So scheitert die Möglichkeit, auf der Grundlage der Lerntheorie basierende verhaltenstherapeutische Verfahren in der Schule einzusetzen, daran, daß „ein so breites Wissen über die Entstehung von Verhalten vorliegt, daß es für einen Nicht-Verhaltenstherapeuten kaum noch überschaubar ist" und daß „Planung und Ausführung der Vorgehensweise davon abhängig sind, daß die Zusammenhänge zwischen Individuum und Umwelt genau festgestellt und kontrolliert werden können"[98]. Es ist weder möglich, jeden Lehrer zum Verhaltenstherapeuten auszubilden, noch erlaubt die Situation in der Schulklasse die notwendige Kontrolle beeinflussender Umweltfaktoren, um verhaltenstherapeutisch wirken zu können.

Ähnliche Einwände müssen gegenüber tiefenpsychologischen Beratungstechniken erhoben werden. Auch hier ist weder zu erreichen, daß Lehrer sich langwierigen und kostspieligen Selbstanalysen unterziehen, noch ist das Klassenzimmer mit der Couch oder dem Spielzimmer beim Psychoanalytiker zu vergleichen. Daß der psychoanalytisch geschulte Lehrer seine Kenntnisse und Fähigkeiten auf die Arbeit mit Kindern übertragen könnte, bleibt dabei unbestritten, wie die pädagogische und therapeutische Arbeit des Psychoanalytikers und Lehrers Hans Zulliger beweist[99].

Im Gegensatz zu diesen kaum auf die Schule übertragbaren Konzepten ist die nicht-direktive Beratung ein Verfahren, das es dem Lehrer ermöglicht, sensibler für seine Schüler zu werden, sie nicht durch vorschnelle eigene Aktionen und Vorschläge zu überfahren, die Schüler Lösungen für ihre Probleme selbst finden zu lassen. Vor allem aber ist dieses Verfahren „erlernbar“, es kann ohne Schaden für die Schüler „ausprobiert“ werden, und es kann die Grundlage einer verbesserten Lehrer-Schüler-Beziehung sein. Es muß von vornherein betont werden, daß auch dieses Verfahren als reine Technik mißbraucht werden kann, daß – ähnlich wie beim sozialintegrativen Führungsstil – Freundlichkeit, Interesse und Offenheit für die Probleme anderer nur vorgetäuscht werden können; auch die nicht-direktive Beratungstechnik schließt die Möglichkeit der Manipulation ein. Wenn aber ein Lehrer die Absicht hat, seine Schüler ernst zu nehmen, sie zu Selbständigkeit und Mündigkeit zu erziehen, sie bei Problemen zu unterstützen und eine bessere Lehrer-Schüler-Beziehung anzustreben, so kann die nicht-direktive Beratung ihm dabei helfen[100].

Die nicht-direktive Beratung geht von der Annahme aus, daß der Ratsuchende selbst Fähigkeiten besitzt, seine Probleme zu lösen. Der Berater hilft dem zu Beratenden, sich selbst von verkrusteten Verhaltensweisen frei zu machen, neue Verhaltensweisen auszuprobieren, sich selbst zu verwirklichen. Auch hier besteht die Beratung in einer Hilfe zur Selbsthilfe des Ratsuchenden. Der Berater muß dabei folgende Einstellungen und Verhaltensweisen zeigen:

„1. Eine Haltung ehrlichen Interesses, d.h. eine vollständige Verfügbarkeit ohne vorgefaßte Meinungen oder Vorurteile irgendwelcher Art, ein Verhalten, das ständig zu spontaner Exploration ermutigt...
2. Eine nicht-beurteilende Haltung, die alles auf- oder hinzunehmen imstande ist, keine Kritik, kein guter Rat, kein Wekken von Schuldgefühlen...
3. Eine non-direktive Haltung, das bedeutet, nichts vorher Angenommenes suchen oder bestätigt sehen zu wollen und die Darlegung sowie den Lösungsweg eines Problems völlig der Initiative des Klienten zu überlassen.
4. Eine echte Absicht, den Klienten in *seiner* Sprache zu verstehen, in *seinen* Begriffen zu denken, *sein* subjektives Universum zu entdecken, d.h., die Bedeutung der Situation für den Klienten zu erfassen.
5. Eine ständige Bemühung um Objektivität und Kontrolle des Gesprächsgeschehens.“[101]

Die zentrale Methode des Beraters ist die des aktiven Zuhörens, das heißt, der Berater versucht, sich ganz auf die Aussagen und die dahinterstehenden Gefühle des Ratsuchenden einzustellen. Er verzichtet auf Deutungen und auf vorschnelle Ratschläge; er versucht, die Gefühle des Ratsuchenden widerzuspiegeln, indem er dessen Aussagen wiederholt, zusammenfaßt oder die dahinterstehenden gefühlsmäßigen Erlebnisinhalte verbalisiert. Dadurch gibt der Berater dem Ratsuchenden das Gefühl, daß er ihn versteht, oder zumindest, daß er versucht, ihn zu verstehen. Das aber macht diesen aufgeschlossen, mehr über seine Probleme zu berichten und allmählich zum eigentlichen Kern des Problems zu gelangen, sich damit zu beschäftigen und mögliche Lösungen zu überlegen. Gibt der Berater dagegen vorschnelle Interpretationen, schlägt er selbst Lösungen vor oder bewertet er die Aussagen des Ratsuchenden nach moralischen Gesichtspunkten, so fühlt dieser sich falsch interpretiert, bevormundet, mißverstanden, oder er bemüht sich nicht mehr selbst um eine Lösung des Problems, sondern vertraut auf die Lösungsvorschläge des Beraters, ohne sich mit ihnen zu identifizieren. Ein Beispiel soll dies verdeutlichen[102].

Ein Schüler sagt zum Klassenlehrer: „Ich komme in Mathematik auf keinen grünen Zweig. Sosehr ich mich auch anstrenge, in jeder Klassenarbeit schreibe ich eine Fünf. Wenn ich in diesem Jahr sitzenbleibe, nehmen mich meine Eltern von der Schule."

– „Du hättest dich eben von Anfang an mehr anstrengen müssen. Wenn die Grundlagen fehlen, wird es später immer schwerer, die geforderten Leistungen zu bringen." – Das Problem des Schülers wird vom Lehrer bewertet, eine Hilfe zur Lösung wird nicht gegeben.

– „Wie stehst du denn in den anderen Hauptfächern?" – Der Lehrer versucht, durch Rückfragen die Lage des Schülers genauer abzuklären. Auch hierin besteht noch keine Hilfe für das eigentliche Problem.

– „Du solltest eine Zeitlang Nachhilfestunden in Mathematik nehmen." – Der Lehrer bietet einen Lösungsvorschlag an, ohne sicher sein zu können, die akuten Schwierigkeiten des Schülers richtig erfaßt zu haben.

– „Mathematik ist wirklich ein schwieriges Fach. Ich hatte früher auch immer damit zu kämpfen." – Der Lehrer versucht, den Schüler zu trösten, ihm sein Mitfühlen auszudrücken; damit aber kann er ihm nicht helfen.

– „Dein Vater ist doch Bankangestellter. Vielleicht ist deine Abneigung gegen die Mathematik ein unbewußter Protest gegen deinen Vater." – Der Lehrer gibt eine Interpretation, die möglicherweise falsch ist. Selbst wenn sie richtig wäre, kann sie jedoch Widerstände beim Schüler hervorrufen. In beiden Fällen wird das Problem nicht gelöst.

– „Du glaubst, daß du wegen deiner schlechten Mathematiknote sitzenbleiben wirst und daß deine Eltern dich deshalb von der Schule nehmen.“ – Hier beinhaltet die Lehrerantwort eine einfache Widerspiegelung der Schüleraussage. Das könnte für den Schüler eine Bestätigung sein, daß er verstanden wurde und ihn dazu ermuntern, weiterzusprechen. Eine entscheidende Weiterführung des Problems ist aber noch nicht erreicht.

– „Du möchtest gern in unserer Schule bleiben und hast Angst, daß deine Eltern dich herausnehmen, wenn du nicht versetzt wirst.“ – Diese Lehrerantwort zeigt dem Schüler, daß er sowohl inhaltlich als auch gefühlsmäßig verstanden wurde. Er wird dadurch ermutigt, mehr über seine Schwierigkeiten zu erzählen, sich ihrer allmählich selbst bewußt zu werden und einer Lösung näherzukommen.

Anschauliche Beispiele für die Anwendung nicht-direktiver Beratung im Unterricht finden sich bei Th. Gordon[103] und V. Axline[104]. Während Gordon als wichtigstes Verfahren die Thematisierung von Konflikten und Problemen in Einzel- und Klassengesprächen nennt, gibt Axline Anregungen, wie nicht-direktive Beratung durch den Unterricht selbst ermöglicht werden kann. So schlägt sie vor, die Schüler durch entsprechende Aufsatzthemen zu ermutigen, ihre persönlichen Probleme niederzuschreiben. Man kann die Schüler über Dinge schreiben lassen, die sie ärgern; andere Themenvorschläge sind: Ich wünschte, ich wäre jemand anderes – Von Dingen, die ich liebe, und Dingen, die ich hasse – Was ich gerne täte. Ältere Schüler könnten – so Axline – Autobiographien schreiben. Die Aufsätze, die vertraulich behandelt werden, sind dann Grundlage für ein Gespräch zwischen Lehrer und Schüler. Ebensogut kann im Kunstunterricht den Schülern Gelegenheit gegeben werden, sich mit ihren eigenen Problemen zu beschäftigen. „Statt daß die Klasse vierzig gleiche Landschaften, Mohrrüben oder Gänseblümchen zeichnet, sollte den Kindern erlaubt werden, ihre eigenen Bilder zu malen, ihre eigenen Ideen und Gefühle auszudrücken.“[105]

Aufgabe des Lehrers ist es, auf die offen oder verdeckt vorgetragenen Probleme seiner Schüler zu achten, sie ernst zu nehmen und dem Schüler zu helfen, selbständig einer Lösung näherzukommen. Vor allem in den Beispielen von Axline und Gordon wird deutlich, was unter „aktivem Zuhören“ zu verstehen ist, nämlich die Aufmerksamkeit des Lehrers, die er seinen Schülern entgegenbringt, ohne selbst ständig Initiativen zu ergreifen. Auch das erfordert vor allem eine – nicht erlernbare – positive Einstellung des Lehrers gegenüber Kindern; ist diese Einstellung vorhanden, kann er sich der nicht-direktiven Beratungsmethode bedienen, um sie auch in seinem Verhalten besser zum Ausdruck bringen zu können. Eine verbesserte Lehrer-Schüler-Beziehung und beim Lehrer mehr Zufriedenheit mit seiner Arbeit dürften die Folge sein. In den folgenden Abschnitten sollen weitere Möglichkeiten aufgezeigt werden, die geeignet erscheinen, dieses verbesserte Verhältnis zwischen Lehrer und Schülern zu erreichen.

4.5 Schülerorientierter Unterricht

Wenn es gelingt, Unterricht an den Interessen und Bedürfnissen der Schüler auszurichten, verschwinden sehr viele Probleme, die dem Lehrer seine Arbeit erschweren; Desinteresse, Langeweile und Disziplinkonflikte werden gegenstandslos, der Lehrer kann auf Zwangsmaßnahmen und Strafen verzichten, da die Schüler ja an der Sache und damit auch am Lernen interessiert sind. Das wurde an anderer Stelle bereits ausgeführt.

Die Frage, ob an unseren Schulen ein schülerorientierter Unterricht möglich sei, wird jedoch vielfach sehr skeptisch beurteilt. Der Lehrer fühlt sich in dem Dilemma, einerseits den Vorgaben des Stoffplans, andererseits den Schülerbedürfnissen gerecht werden zu sollen. Im folgenden sollen einige Anregungen gegeben werden, wie der Lehrer zumindest in Ansätzen versuchen kann, seinen Unterricht stärker an den Schülern zu orientieren.

Gruppenarbeit und Projektunterricht sind sicher geeignete Unterrichtsformen, diesem Ziel näherzukommen, doch nur dann, wenn sich die Methode auch mit den Zielen Selbständigkeit, autonomes Lernen und Kooperationsfähigkeit der Schüler verbindet. Ein Lehrer, der seinen Unterrichtsstoff in die sogenannte Projektmethode verpackt und die Schüler in Gruppen nach vom Lehrer gesteckten Arbeitszielen den Stoff selbständig erarbeiten läßt, gibt den Schülern sicher mehr Chancen zu einem angemessenen Lernen als der frontal unterrichtende Lehrer; ob die Schüler aber sehr viel motivierter für den Unterrichtsstoff sind, bleibt fraglich.

Im folgenden soll an einem anschaulichen, wenn auch nicht alltäglichen Beispiel gezeigt werden, was in einem schülerorientierten Unterricht möglich ist. Wegen seiner Anschaulichkeit wird das von J. Beck stammende Beispiel sehr ausführlich dargestellt[106].

Ausgangspunkt des Projekts war die Einführung des neunten Schuljahres in einer Landgemeinde, ohne daß Räume, Werkzeug und Material für einen sinnvollen Unterricht zur Verfügung standen. Die Schüler selbst waren einem zusätzlichen Schuljahr gegenüber ablehnend eingestellt.

„Lehrer und Schüler redeten über diese Lage. Ergebnis: ‚Entweder wir öden uns ein Jahr lang an, oder wir machen was Richtiges.‘ Was Richtiges war ein Raum zum Arbeiten und zum Feiern. Ein Platz auf dem Schulhof war vorhanden. Ein alter Fachwerkbau könnte beschafft und auf den Schulhof gebracht werden. Woher das Geld nehmen? Kriegt man die Genehmigung? Können wir einen solchen Bau überhaupt machen? Wir müssen Maurer, Zimmerer, Glaser, Elektriker, Ofensetzer, Fußbodenleger, Gärtner, Maler, Innenarchitekt, Werkstatteinrichter, Bauleiter lernen, um den Bau auszuführen. Köche, Kellner braucht man auch, um nicht zu verhungern, und ohne Musik geht nichts.

Was sagen Schulleiter, Eltern, Schulrat, Bürgermeister?

Alles Fragen der Schüler. Der Lehrer wußte auch keine Antwort. Also mußte man an der Lösung gemeinsam arbeiten. Ein Plan wurde gemacht: ein Schritt nach dem anderen, alles Arbeitsschritte und keine Teil-Lernziele ...

Die Pläne wurden gemeinsam erstellt. Die Berater waren Experten aus dem Dorf, die Maurer, Elektriker, der Bürgermeister. Andere Experten kamen aus der Schule, z. B. war eine Kollegin Technische Zeichnerin, der Klassenlehrer hatte Schreiner und Sanitäter gelernt, ein Kollege war Sachbearbeiter bei einem Rechtsanwalt gewesen, ein Schüler konnte gut kochen, eine Schülerin sehr gut fotografieren. Fast alle Schüler waren auf irgendeinem Gebiet Experten. Es ist erstaunlich, wieviel Kompetenz in so einer Schulklasse vorhanden ist. In der Schule können sie es nicht gelernt haben.

Für einzelne Arbeitsbereiche, wie Versorgung, Kochen, Mauerwerk, Holzarbeit, Installation, Verwaltung, Unterricht, wurden Arbeitsgruppen gebildet. Sie wechselten alle vier Wochen, um ihr Wissen, ihre Aufgaben und ihr Werkzeug an die anderen Schüler weiterzugeben ...

Das notwendige Geld wurde über eine Sammelaktion im Dorf aufgebracht. Material ... und die Werkzeuge wurden durch die Handwerker des Dorfes und die Gemeinde gestiftet ...

Die Baugenehmigung machte Schwierigkeiten. Das Kreisbauamt wollte eine statische Berechnung nach den Vorschriften für Schulräume. Die sollte beim Statiker ungefähr 500 DM kosten. Woher nehmen? Die Schüler fanden auch hier einen Weg: Sie luden einen Architekten aus dem Nachbardorf ein. ‚Wir interessieren uns für Statik, können Sie uns weiterhelfen?' Der Architekt kam und erzählte viel über Statik. Die Schüler lernten es und fragten zuletzt, ob er das nicht an einem Beispiel vorrechnen könne. Die Maße waren z. B. so: 10 m mal 7 m und ... Der Architekt rechnete mit den Schülern. Um 12 Uhr war die statische Berechnung des Werkraumes fertig. Der Architekt bedankte sich noch für das Interesse und die Schüler für die Berechnung ohne ‚Rechnung', die sie zum Bauamt trugen. Die staunten und genehmigten. Auf diese Weise (‚Kreativitätserziehung') lösten die Schüler noch viele Probleme des Baus.

Die Ausstattung des Werkraumes war ein großes Problem. Aus dem Dorf gibt es kaum Sperrmüll. Werkbänke wurden selbst gebaut. Das Holz stiftete das Sägewerk. Lampenschirme wurden gebastelt, die Fassungen und Kabel stiftete der Elektriker. Die Kochplatten, die Ausrüstung des Fotolabors, die Holzmaschinen, Schraubstöcke und Stühle wurden über Anzeigen in der Kreiszeitung gesucht und gefunden.

Baubeginn war im August, und an Weihnachten wurde ein großes Fest gefeiert im neuen Haus. Rohbau, Malerarbeiten, Heizung, Installationen waren fertig. Der Innenausbau und die Einrichtung wurden mit einem Faschingsfest im Februar beendet.

Die Bauarbeit stand in dem halben Baujahr im Vordergrund der Unterrichtsarbeit. Sie war Unterrichtsarbeit. Die Schüler arbeiteten in ihren Gruppen selbständig, oft auch nachmittags, wenn die Erntearbeit Zeit übrigließ ...

Während der Bauzeit wurde auch im Klassenraum unterrichtet. Probleme des Baus und seiner späteren Nutzung als Perspektive standen im Vordergrund. Im „Chemieunterricht' wurden z. B. Mörtel untersucht und die chemischen Reaktionen, die bei seiner Anwendung abliefen. In ‚Physik' wurden die Werkzeuge mit Hilfe der Mechanik untersucht. Probleme der Elektroinstallation, der Neonlampen waren weitere Themen. Im ‚Weltkundeunterricht' ging es z. B. um die Durchsetzung des Bauplans, die Versicherungsprobleme, die Schulmisere, praktische Konfliktbewältigung zwischen den Arbeitsgruppen, die Teilung der Arbeit ...

Bei der Herstellung ihres Werkraumes hat die Klasse nicht nur viel über Mauern, Fachwerk, Statik, Hausformen, Raumausstattung und -gestaltung, Chemie, Physik, Werkzeuge für Holz, Ton, Papier, Metall, Oberflächenbehandlung, Elektro- und Wasserinstallation gelernt, sondern auch über die Bürokratie der Bau- und Schulverwaltung, den Versicherungsschutz, die Aufsichtspflicht, Ernährung und Kochen, Teamarbeit, Kooperation und Spielen,

Tanzen, Konfliktlösungen, Geldbeschaffung und Erste Hilfe ... In der fertigen Werkstatt der Jugendlichen wurden später die Produktion, Bildung und Spiel fortgesetzt, im Unterricht und bei den Festen, die dort gefeiert wurden."

Man mag die Möglichkeit, dieses Beispiel auf den Schulalltag zu übertragen, zu Recht anzweifeln, doch zeigt es, zu welchen Leistungen Schüler fähig sind, wenn sie den Sinn von Lernen einsehen können, wenn sie dessen praktische Brauchbarkeit erkennen. Ein Stück davon ist auch in die alltägliche Schularbeit zu übertragen, wenn der Lehrer Anregungen und Wünsche seiner Schüler aufnimmt und sie mit diesen zusammen in Unterrichtsprojekte umsetzt. Anregungen dafür kann ihm zum Beispiel die Freinet-Pädagogik geben, die in Frankreich schon von sehr vielen Lehrern praktiziert wird – und zwar innerhalb des staatlichen Schulsystems.

Trotz mancher Schwierigkeiten ließen sich die Prinzipien und Methoden Freinets auch auf unser Schulsystem übertragen. Die wichtigsten Grundsätze und Methoden sind dabei die Selbstbestimmung des Lernens durch die Schüler, der ständige Versuch, die Trennung zwischen Schule und Leben aufzuheben, die Betonung des „freien Ausdrucks" der Kinder und Jugendlichen. Der Klassenraum wird dabei zu einer Werkstatt umgestaltet, Individualisierung und Gruppenarbeit sind Methoden, die nicht vom Lehrer „eingesetzt" werden, sondern die sich konsequenterweise aus der Selbstbestimmung der Schüler ergeben. Unterrichtsvorhaben, die sich mit der Erkundung und Bearbeitung außerschulischer Probleme beschäftigen, sind die Regel. Der Lehrer hat die Aufgabe, als Helfer bei den von den Schülern selbstinitiierten Lernprozessen mitzuwirken, Arbeitsmaterial bereitzustellen, Arbeitsmöglichkeiten zu schaffen. Der Unterricht wird von den Schülern und dem Lehrer gemeinsam geplant. Es können hier nur einige Grundgedanken der Freinet-Pädagogik angeschnitten werden; die hier praktizierte Art des Lernens kann jedoch zeigen, wie Unterricht für Schüler und Lehrer befriedigender gestaltet werden kann[107].

4.6 Anregungen zur Verbesserung des Lehrer-Schüler-Verhältnisses

Die bisherigen Ausführungen zu einer Verbesserung der Beziehung zwischen Schülern und Lehrern bezogen sich eher auf grundsätzliche Fragen, so, wenn von selbstinitiierten Lernprozessen der Schüler, von Nicht-Direktivität oder von Beratung als pädagogischer Handlungsform in der Schule gesprochen wurde. Zwar ist zu hoffen, daß auch diese grundsätzlichen Forderungen Anregungen für den Schulalltag enthalten – das wurde auch in die Überlegungen mit einbezogen – doch könnte mancher Lehrer sie auch als zu weitgehend und in der gegenwärtigen Schule undurchführbar betrachten. In diesem Abschnitt sollen deshalb noch einige Hinweise gegeben werden, wie die Lehrer-Schüler-Beziehung in Richtung auf mehr Partnerschaft verbessert werden kann, ohne daß eine veränderte Schulorganisation dafür Voraussetzung wäre. Es handelt sich hier also um kleinere Schritte, die einerseits geeignet sein können, die alltägliche Arbeit des Lehrers erfreulicher zu gestalten, die andererseits aber doch als Schritte auf grundsätzliche Ziele hin gesehen werden müssen.

4.6.1 *Schulische Veranstaltungen zur Verbesserung des Klimas*

Wandertage, Ausflüge und Schullandheimaufenthalte gehören zum festen Programm fast jeder Schule. Für den Lehrer stellen sich diese Veranstaltungen häufig als Mehrbelastungen dar, da er den ganzen Tag – oder im Schullandheim gar zwei Wochen – die Verantwortung für die Schüler trägt und seiner Aufsichtspflicht unter erschwerten Bedingungen nachkommen muß. Auch für das Rollenverhalten des Lehrers bringen solche Veranstaltungen Probleme mit sich. Der Lehrer ist einerseits in der Gefahr – wegen seiner Aufsichtspflicht – die Schüler zu stark zu gängeln und zu kontrollieren und ihnen dadurch auch die Freude an *dieser* Art schulischer Veranstaltungen zu nehmen. Die Beziehung zwischen Schülern und Lehrer kann sich dadurch weiter verschlechtern. Andererseits kann der Lehrer dazu neigen, betont kameradschaftlich mit den Schülern zu interagieren. Dagegen ist im Prinzip nichts einzuwenden, wenn er sich auch im Unterricht entsprechend verhält. Bleibt das Lehrerverhalten aber auf schulische Ausnahmesituationen beschränkt, so wird es von den Schülern als unecht, vielleicht als plumper Anbiederungsversuch interpretiert; Schüler nützen das im Unterricht dann gegen den Lehrer aus, und dieser reagiert leicht mit noch mehr Zwang, um seine „Autorität" wiederherzustellen.

Zwischen diesen beiden Extremen, die die Lehrer-Schüler-Beziehung eher belasten als verbessern, enthalten Ausflüge und Schullandheimaufenthalte aber auch die Möglichkeit für Lehrer und Schüler, sich besser kennenzulernen, vom schulischen Druck weniger belastete Gespräche zu führen, andere Formen der Interaktion als die in der Schule üblichen kennenzulernen. Der Lehrer entdeckt vielleicht Fähigkeiten bei einzelnen Schülern, die ihm im Unterricht verborgen geblieben sind und ihm die Möglichkeit geben, auch solchen Schülern Erfolgserlebnisse zu vermitteln, die in der Schule selten welche haben. Vielleicht lassen sich solche Fähigkeiten auch in den Unterricht einplanen. In zwanglosen Gesprächen kann der Lehrer Ursachen und Hintergründe von Problemen einzelner Schüler erfahren, die für ihn Anlaß sein können, seine Einstellung und sein Verhalten diesen Kindern und Jugendlichen gegenüber zu verändern. Es kann über schulische Konflikte gesprochen werden, wobei Schüler und Lehrer sich gegenseitig ihre Sicht der Probleme verdeutlichen und damit Verständnis für das Verhalten des anderen gewinnen können. Aber schon allein die Möglichkeit, daß Lehrer und Schüler bei solchen Unternehmungen zusammen fröhlich sind, kann zu einer Verbesserung des schulischen Klimas beitragen.

Voraussetzung dafür ist allerdings, daß der Lehrer diese Chance nutzt, daß er die positiven emotionalen Erlebnisse auf den Unterricht zu übertragen versucht und nicht einen Trennungsstrich zwischen schulischen „Sonder"veranstaltungen und dem Schulalltag zieht.

Schul- und Klassenfeste können ebenso wie Ausflüge und Schullandheime dazu beitragen, das schulische Klima zu verbessern, wenn sie nicht nach einem stereotypen Schema – mit Schulleiterrede, Preisverteilung an die besten Schüler und Chor- und Orchesterdarbietungen – ablaufen. Auch hier besteht die Möglichkeit, sich gemeinsam auf ein sichtbares Ziel hin vorzubereiten und sich gemeinsam zu freuen. Allerdings besteht auch hierbei die Gefahr, daß solche Feste als Ausnahmesituationen angesehen werden, ohne Rückwirkungen auf den Schulalltag zu haben. Klassenfeste sind sicher eher geeignet, das Klima zwischen Lehrer und Schülern zu verbessern, als Schulfeste, da sie weniger organisatorischen Zwängen unterliegen und eher informelle Kontakte ermöglichen.

Eine weitere Chance für den Lehrer, Befriedigung in seiner schulischen Arbeit zu finden, liegt in der Durchführung von Arbeitsgemeinschaften. Die Freiwilligkeit der Teilnahme, das Sachinteresse der Schüler und der Verzicht auf die Benotung der Leistungen schaffen eine entspannte Atmosphäre, in welcher der Lehrer als Berater und Helfer der Schüler agieren kann. Der Lehrer kann hier einerseits seine fachlichen Qualifikationen einsetzen, andererseits bietet sich ihm die Möglichkeit, zu persönlichen Kontakten mit Schülern zu kommen. Arbeitsgemeinschaften können für den Lehrer eine kompensatorische Funktion haben, das heißt, sie geben ihm die Möglichkeit, sich mit interessierten Schülern zusammen in seinem Fachgebiet zu beschäftigen, andererseits können sie ihn durch einen weniger zwanghaften Kontakt mit Schülern aufgeschlossener, sensibler machen für deren Probleme und somit einen konstitutiven Charakter für seinen Unterricht haben. Voraussetzung ist auch hier jedoch, daß dem Lehrer an einer Verbesserung seiner Beziehungen zu den Schülern gelegen ist, daß er unter Umständen sogar bereit ist, den Schülern über sein Deputat hinaus ein Angebot zu machen. Gedacht ist hier z.B. an Theaterspiel- oder Musikgruppen, die im normalen Stundenplan einer Schule meist nicht vorgesehen sind. Gerade solch zusätzliche Aktivitäten verschaffen dem Lehrer oft mehr Befriedigung in seiner Arbeit als der normale Unterricht.

4.6.2 *Menschliche Beziehungen und Beziehungsprobleme als Unterrichtsgegenstand*

Besondere schulische Aktivitäten, wie Schullandheime oder Arbeitsgemeinschaften, stehen in der Gefahr, Ersatzbefriedigungen zu bleiben, wenn eine Übertragung auf die alltägliche schulische Arbeit nicht gelingt. Solche Aktivitäten aber dürfen nicht Ersatz, sondern sie sollen möglichst Anstoß dafür sein, die Beziehungen unter den Schülern und zwischen Schülern und Lehrern im Unterricht zu thematisieren. Dies kann im Gemeinschafts-, Sozial- oder Weltkundeunterricht (wie immer ein solches Fach heißen möge) geschehen, sinnvoller ist jedoch das Eingehen auf soziale Probleme und Konflikte dann, wenn sie sich stellen. Wenn ein Lehrer sich nicht nur in der Funktion des Wissensvermittlers, sondern auch des Erziehers versteht, muß er in jeder Unterrichtsstunde bereit sein, Probleme aufzugreifen und gemeinsam mit den Schülern nach einer Lösung zu suchen.

Der Lehrer wird vielleicht befürchten, daß die Thematisierung von Beziehungsproblemen im Unterricht ihn bei der Erreichung inhaltlicher Ziele behindert, daß er den vorgeschriebenen Stoff nicht behandeln kann. Er sollte jedoch bedenken, daß auch ungelöste Probleme ein effektives Lernen der Schüler verhindern und daß soziale Lernprozesse ebenso wichtig sind wie kognitive. Der Lehrer kann durch sein eigenes Verhalten dazu beitragen, daß Schüler offener werden für die Darlegung eigener Konflikte, indem er seine eigenen Gefühle zum Ausdruck bringt. Rogers fordert zum Beispiel vom Lehrer, daß er für eine Konfliktlösung in der Klasse eine günstige Ausgangsstimmung schafft. Dazu gehört, daß er seine Gedanken und Gefühle der Klasse mitteilt, daß er sich persönlich einbringt und damit den Schülern ein Angebot macht, sich ebenso zu verhalten[108].

Das gleiche meint Gordon, wenn er den Lehrer dazu auffordert, Ich-Botschaften auszusenden, also seinen Schülern mitzuteilen, was er im Augenblick denkt und fühlt[109]. Dadurch kann der Lehrer von der Oberflächlichkeit der Beziehungen zu seinen Schülern zu einem vertrauteren Umgang gelangen. Wenn der Lehrer nicht mehr als Rollenträger mit bestimmten – eben zum Lehrer gehörenden – Verhaltensweisen seinen Schülern gegenübertritt, sondern seine Person in die Beziehung einbringt, so geht er damit zwar das Risiko ein, auch als Person von den Schülern abgelehnt zu werden, was schmerzlicher sein dürfte, als wenn er die Ablehnung nur auf seine Lehrerrolle bezogen sieht; er geht auch – wie Gordon aufzeigt – das Risiko ein, sich selbst verändern zu müssen, wenn er erkennt, daß die Ursachen von Beziehungsproblemen eher auf seiner Seite als auf der der Schüler liegen. Gelingt ihm diese Veränderung aber, so kann darin eine positive Auswirkung des Sendens von Ich-Botschaften gesehen werden.

In der Regel aber gelingt es dem Lehrer dadurch, daß er sich persönlich in die Beziehungen zu seinen Schülern einbringt, daß diese mit ihrem eigenen Verhalten und dessen Auswirkungen auf andere konfrontiert werden. Dadurch werden soziale Lernprozesse beim Schüler in Gang gesetzt, die auch bei ihm Verhaltensänderungen ermöglichen. Ein Lehrer, der sich persönlich betroffen von bestimmten Verhaltensweisen seiner Schüler zeigt, zwingt diese, sich damit auseinanderzusetzen, ob sie den Lehrer persönlich oder die Lehrerrolle mit ihrem Verhalten treffen wollten. Gordon berichtet, daß die meisten Schüler überrascht auf das Aussenden von Ich-Botschaften durch den Lehrer reagieren: „Ich wußte nicht, daß ich Sie dadurch ärgere“, „ich wollte Ihnen keine Unannehmlichkeiten bereiten“ sind typische Schüleräußerungen auf ein derartiges Lehrerverhalten.

Allerdings muß der Lehrer sich beim Senden von Ich-Botschaften prüfen, ob er dabei primäre oder sekundäre Gefühle mitteilt. Ein Lehrer, der zum Beispiel auf undiszipliniertes Schülerverhalten mit der angeblichen Ich-Botschaft „ich bin ärgerlich“, „ich bin wütend“ reagiert, drückt damit häufig ein sekundäres Gefühl aus und sendet eine verkappte Du-Botschaft an die Schüler: „Du machst mich wütend", „ich bin ärgerlich auf dich". Diese Botschaft kann beim Schüler eher Abwehrreaktionen hervorrufen, als eine Reflexion des eigenen Verhaltens zu bewirken.

Zwei Beispiele von Gordon sollen den Unterschied zwischen primären und sekundären Gefühlen verdeutlichen: „Auf einem Ausflug wird ein Schüler vermißt. Das primäre Gefühl des Lehrers ist Angst. Als das Kind endlich aufgefunden wird, tobt der Lehrer und schreit: ‚Du darfst dich niemals von der Gruppe entfernen! Warum kannst du nicht lernen, dich nach den Vorschriften zu richten?'" – „Eine Lehrerin hat sich bei einem Versuchsaufbau unendlich viel Mühe gegeben. Die Schüler sind unruhig, gelangweilt, schreiben ihren Nachbarn Zettel. Das primäre Gefühl der Lehrerin ist Enttäuschung. Wütend sagt die Lehrerin: ‚Ich werde nie wieder versuchen, dieses Fach für eine so undankbare Klasse interessant zu machen. Ich sehe ja, wie das anerkannt wird!'"[110] In beiden Beispielen sendet der Lehrer Du-Botschaften aus, aber selbst wenn er mit den Worten reagiert hätte: „Ich bin wütend", müßten die Schüler sie als Du-Botschaften interpretieren. Übliche Reaktionen von Schülern darauf wären – ausgesprochen oder unausgesprochen – im ersten Beispiel: „Ich kannte doch den Weg. Außerdem kann ich auf mich selbst aufpassen; wozu also Ihre Aufregung!"; im zweiten Beispiel: „So interessant ist Ihre Stunde nun auch nicht." Hätten die Lehrer ihre primären Gefühle – Angst, Enttäuschung – zum Ausdruck gebracht, wären die Schüler eher bereit gewesen, ihr Verhalten zu überdenken. So betont Gordon: „Menschen aller Altersstufen sind sich oft nicht darüber im klaren, daß ihr Verhalten andere beeinträchtigt. Hat man es ihnen aber einmal gesagt (in einer nicht beschuldigenden, ehrlichen Art), nehmen selbst Jugendliche, und zwar häufiger, als Lehrer es sich vorstellen, Rücksicht auf die Bedürfnisse ihrer Lehrer. Wir haben es immer wieder erlebt: Ich-Botschaften können Rücksichtslosigkeit in Rücksichtnahme verwandeln."[111]

Natürlich muß der Lehrer in gleicher Weise auf die Gefühle seiner Schüler Rücksicht nehmen, das heißt, sie ebenfalls zum Aussenden von Ich-Botschaften motivieren und aufgrund dessen bereit sein, sein eigenes Verhalten zu überdenken. Für eine verbesserte Lehrer-Schüler-Beziehung ist es also notwendig, sich um Verständnis für den anderen zu bemühen, auf die Gefühle des anderen einzugehen, Probleme und Konflikte aufzugreifen und sie auch im Unterricht zu thematisieren. Eine Technik dafür kann das eben geschilderte Verbalisieren von Gefühlen sein; meist muß der Lehrer dabei seinen Schülern vorausgehen.

Über das Aufgreifen von Problemen aus aktuellem Anlaß hinaus ist eine Gesprächsstunde zwischen Lehrern und Schülern – vielleicht am Wochenende – eine gute Möglichkeit, mehr gegenseitiges Verständnis und positive Gefühle füreinander zu gewinnen. Allerdings setzt das Gelingen einer derartigen Stunde voraus, daß bereits ein Vertrauensverhältnis zwischen Lehrer und Schülern besteht, daß das Verhalten des Lehrers im übrigen Unterricht dem in der Gesprächsstunde gezeigten entspricht und daß die Gespräche sich auch in Veränderungen der schulischen Beziehungen niederschlagen. Sonst werden solche Gesprächsstunden von den Schülern nicht ernst genommen, und der Lehrer ist enttäuscht, daß die Schüler auf sein „Angebot" nicht eingehen. Bestenfalls wird die Gesprächsstunde zu einer „Insel der Seligen"[112], die sich zwar positiv vom übrigen Unterricht abhebt und in der Schüler und Lehrer sich zwanglos äußern, ohne daß sie Auswirkungen auf den übrigen Unterricht haben. Soziale Erfahrungen müssen dem Schüler als von unterrichtlichen Erfahrungen getrennte erscheinen, so wie der Lehrer einmal als „Mensch", sonst aber nur in seiner Lehrerrolle gesehen wird. Derartige Sozialisationserfahrungen sind für Schüler nicht wünschenswert. Diese Gefahren wurden aufgezeigt, damit der Lehrer nicht glaubt, mit der Einführung einer Gesprächsstunde allein bereits alles für eine Verbesserung des schulischen Klimas getan zu haben.

4.6.3 *Spiel und Gruppendynamik als Möglichkeit sozialen Lernens für Schüler und Lehrer*

Die gleichen Einschränkungen, die gegenüber allzu hohen Erwartungen an Gesprächsstunden gemacht werden müssen, gelten auch für das Spiel und den – bisher kaum durchgeführten – Versuch einer gruppendynamischen Arbeit mit Jugendlichen. Trotzdem können deren Möglichkeiten für eine Veränderung des schulischen Klimas bei richtigem Einsatz sehr hoch eingeschätzt werden.

Wenn hier für ein Spielen in der Schule plädiert wird, so ist dabei nicht an einen methodischen Einsatz von Spielen, an didaktisches Spielmaterial oder an Planspiele, die z. B. die berufliche Realität simulieren sollen, gedacht. Diese Spiele mögen für die Erreichung bestimmter Lernziele sehr effektiv sein, sie mögen auch geeignet sein, den Schülern Unterricht dann und wann angenehmer zu machen. Hier sollen vielmehr die Möglichkeiten aufgezeigt werden, die im freien Spiel und im sozialen Rollenspiel liegen und die bei

Schülern und Lehrer soziale Lernprozesse in Gang setzen können mit dem Ziel, das schulische Klima zu verändern.

Schule und Spiel werden häufig als Gegensätze angesehen: in der Schule soll gelernt, nicht gespielt werden: mit dem Hinweis „Erst die Arbeit, dann das Vergnügen" fordern viele Eltern von ihren Kindern zuerst die Erledigung ihrer Schulaufgaben, bevor sie spielen dürfen. Andererseits kann heute jedoch als erwiesen gelten, daß Kinder im Spiel sehr viel lernen und daß sie für diese Art von Lernen selbst motiviert sind [113]. Die Kindergartenpädagogik arbeitet zum großen Teil nach dieser Erkenntnis, in die Schule aber ist sie bisher kaum eingedrungen. Die Bedeutung des Spiels für das soziale Lernen wurde in Deutschland vor allem durch die langjährige Arbeit von Benita Daublebsky nachgewiesen, die in ihrem Buch „Spielen in der Schule" ihren Niederschlag fand [114]; vielleicht kann ein Beispiel die Möglichkeiten sozialen Lernens verdeutlichen.

In einer Spielstunde sollten die Schüler in Gruppen selbstgewählte oder vom Spielleiter vorgeschlagene Szenen pantomimisch vorspielen; dabei hatten die Kinder Masken vor dem Gesicht. Die Zuschauer sollten allein an den Bewegungen und Gesten der Kinder die Inhalte der Szenen erkennen können. Die Spielstunde, von der Daublebsky berichtet, hatte dabei folgenden Verlauf:

„Die Kinder spielten eine Szene aus dem Klassenzimmer. Es wird eine Klassenarbeit geschrieben, ein Schüler schreibt ab. Derjenige, der ihm geholfen hat, wird erwischt. Er kann sich nicht verteidigen, weil er seinen Freund nicht verraten will. So wird er bestraft, und da er Angst vor seinen Eltern hat, geht er nicht nach Hause, sondern bleibt am Wege sitzen und weint. Die Kinder hatten sich diese Geschichte selbst ausgedacht, und sie wollten keinen anderen Schluß, da sie meinten, bei allem, was ihnen als Schluß gefiele, müsse man sprechen.

Jede Gruppe, die vorspielte, hatte Masken auf. In einer Gruppe war ein Bub, D., der sich bisher besonders ungern an dieser Art von Spielen beteiligt hatte und deshalb auch meistens dem Spielleiter geholfen hatte, zu beobachten und zu beurteilen. D. sah die Masken, setzte sich eine auf und spielte in einer Gruppe intensiv mit. Er bewegte sich frei und mit großer Sicherheit: Er war einfach nicht wiederzuerkennen.

Nachdem alle Gruppen gespielt hatten und wir im Kreis saßen, um darüber zu sprechen, fing M. an, D. zu hänseln. Warum er denn heute mitgespielt habe? Sei er so ein kleines Kind, daß er es nicht versäumen wolle, auch eine Maske aufzusetzen wie alle anderen?

D., der sonst nicht viele Worte machte und meist gleich Fußtritte verteilte, kam zu mir, während die anderen Kinder noch miteinander lachten und lärmten. Er sagte mir leise ins Ohr: ‚Ich finde das mit den Masken toll, da sieht mich niemand, und man weiß nicht, wer ich bin, und da kann ich wer anderer sein und brauche keine Angst zu haben, daß die anderen mich auslachen, weil ich ein blödes Gesicht habe.' Ich fragte ihn, ob wir darüber mit allen sprechen könnten und ob er das dann sagen würde. Er lehnte das ab aus Angst, man könnte ihn auslachen, beauftragte mich aber, es als seine Meinung zu sagen. Ein anderes Kind zu seinem Anwalt zu machen, lehnte er ebenso ab. Aber er setzte sich friedlich neben M., den er normalerweise nach dieser Art von Hänselei furchtbar getreten hätte. Als ich bei der Diskussion seine Meinung über die Masken vorbrachte, stimmten ihm mehrere Kinder zu. Nach einigen Wochen kam er nach der Spielstunde zu mir und sagte: ‚Das mit den Masken, wann spielen wir das wieder? Das war so toll, und für mich war es toll, weil bei der Diskussion andere gesagt haben, daß das, was ich meine, richtig ist.'"

Der Bericht zeigt einige im Spiel liegende Möglichkeiten sozialen Lernens auf. So werden nichtsprachliche Kommunikationsformen – hier die Gestik – geübt. Die Kinder dürfen die Spielinhalte selbst bestimmen, Probleme der Kinder können in Spiel umgesetzt, eventuell Lösungsmöglichkeiten ausprobiert werden. Im Gespräch können die Probleme aufgegriffen und weitergeführt werden. Einzelne Kinder erhalten im Spiel die Chance, ungewohnte, aber auch ihrer speziellen Problemlage angemessene Ausdrucksformen zu finden. Die Spielgruppe kann einzelnen Kindern bei der Lösung ihrer individuellen Schwierigkeiten helfen; der Spielleiter (Lehrer) lernt die Probleme einzelner Kinder und seiner Klasse besser kennen. – Dies ist eine unsystematische Zusammenstellung von Ansätzen zu sozialem Lernen, die sich allein aus diesem kurzen Spielbericht ergeben. Wollte man die Möglichkeiten des Spiels zu einer Verbesserung des schulischen Klimas etwas besser ordnen, so wären vielleicht die folgenden Aspekte zu nennen[115]:

– Im Spiel können Kinder ihre Bedürfnisse und Interessen einbringen. Spiel gelingt nur, wenn die Bedürfnisse der Mitspieler befriedigt werden, wenn das Spiel Spaß macht. Dann aber ist es eine von den Kindern frei gewählte Tätigkeit, die keiner zusätzlichen Motivation bedarf.
– Das Spiel bietet den Kindern die Möglichkeit, aktiv zu sein, sich handelnd mit der Umwelt auseinanderzusetzen.
– Das Spiel ist frei von formellen Sanktionen und Repressionen.

Es gibt keine Zeugnisse für gutes oder schlechtes Spiel. Damit kann es einen Raum schaffen, der freier von Angst ist als der Unterricht. Die Entlastung vom schulischen Konkurrenzdruck ermöglicht mehr Partnerschaftlichkeit im sozialen Verhalten.

– Spiel fördert die sprachliche und nichtsprachliche Kommunikation. Die Spielteilnehmer müssen die Spielregeln erklären und verstehen können, sie müssen sich während des Spiels über gemeinsame Spielstrategien, Spielinhalte, Rollenverteilung u.a. verständigen. Ob die Verständigung erreicht wird, zeigt sich unmittelbar am Spielverlauf, der damit eine Selbstkontrolle der Teilnehmer ermöglicht.

– Spiel fördert die soziale Sensibilität. Nur wenn man auf seine Partner eingeht, Rücksicht auf sie nimmt, sich in sie einzufühlen versucht, kann Spiel Spaß machen. Ein Federballspiel z.B. zwischen zwei Partnern mit sehr unterschiedlichen Spielfähigkeiten macht weder dem Spaß, der ständig verliert, noch dem, der mühelos gewinnt. Aus dieser Einsicht können die beiden zu einer Umstrukturierung des Spiels gelangen und – jetzt als gemeinsames Ziel – versuchen, den Ball so oft wie möglich hin- und herzuspielen. Ein für beide befriedigendes Zusammenspiel kann dadurch zustande kommen, daß jeder sich in die Lage des anderen hineinversetzt.

– Spiel fördert die Einsicht in die Notwendigkeit und Relativität von Regeln und Normen. Nur wenn alle Spielteilnehmer die gleichen Regeln anerkennen, kann Spiel gelingen; doch ist auch eine Veränderung der Regeln möglich, wenn alle Mitspieler zustimmen.

– Spiel fördert die Kooperationsfähigkeit der Kinder. Eine Spielgruppe erreicht dann die besten Ergebnisse, wenn jeder zum Erfolg beiträgt, wenn man sich auf die Mitspieler verlassen kann, wenn Entscheidungen gemeinsam getroffen oder zumindest gemeinsam getragen werden. Die Vorzüge einer Zusammenarbeit können im Spiel ganz konkret erfahren werden.

Die hier genannten Möglichkeiten des Spiels sollte der Lehrer für eine Verbesserung des schulischen Klimas nutzen. Dazu sind jedoch einige Voraussetzungen zu schaffen[116].

(1) Spielen in der Schule darf nicht von der Gnade oder besonderen Freundlichkeit des Lehrers abhängen. Eine in Aussicht gestellte Spielstunde als Lohn für gute Arbeit trägt wenig dazu bei, das pädagogische Klima in der Schulklasse zu verbessern. Schlimm aber sind Drohungen des Lehrers mit Spielabbruch, wenn die Schüler sich undiszipliniert verhalten. Ein Lehrer, der das Spiel mit Drohungen zu lenken versucht wie „Wenn ihr jetzt nicht leise

seid, wenn ihr euch weiterhin streitet, wenn ihr euch nicht an die Spielregeln haltet, hören wir auf zu spielen", macht ein freies Spiel unmöglich und verdirbt seinen Schülern und sich selbst den notwendigen Spaß. Die Einrichtung einer regelmäßigen Spielstunde in der Woche, auf welche die Schüler ein Anrecht haben, wäre wünschenswert, um dieser Gefahr vorzubeugen.

(2) Der Lehrer muß einzelnen Kindern helfen, mitspielen zu können und Freude am Spiel zu haben. Kinder mit Mißerfolgserlebnissen in der Schule haben zwar die Möglichkeit, ihre Fähigkeiten ins Spiel einbringen zu können, sie stehen aber auch in der Gefahr, ihre schulischen Mißerfolgserlebnisse auf die Spielsituation zu übertragen. Die Angst, zu versagen oder ausgelacht zu werden, verhindert bei ihnen eine für das Spiel notwendige entkrampfte Haltung. Durch Beobachtung der Kinder, durch Einplanung geeigneter Spiele und durch Gespräche mit einzelnen und mit der Klasse kann der Lehrer dazu beitragen, diese Kinder zu integrieren.

Ebenso muß der Lehrer auf die in der Klasse ablaufenden Gruppenprozesse achten. Spannungen in der Klasse, eine ungleiche Leistungsfähigkeit der Spielgruppen, eine Überforderung der Kinder durch zu schwierige Spiele können den Spaß am Spiel verderben. Vor allem am Anfang muß der Lehrer solche Überlegungen in seine Planung von Spielstunden einbeziehen; später werden sich die Probleme eher durch Gruppengespräche lösen lassen.

(3) In Spielstunden müssen die in der Schule vorherrschenden Konkurrenzsituationen abgebaut werden. Das kann durch Spiele erreicht werden, bei denen der Spaß an der Aufgabe an sich wichtiger ist als der Sieg über andere. Rollenspiele und Pantomimen sind dafür besonders gut geeignet. Aber auch in Regelspielen ist es möglich – wie vor allem Daublebsky in vielen Beispielen zeigt –, das Konkurrenzverhalten zugunsten der Freude am Spiel abzubauen. Spielaufgaben, wie z. B. „Wer findet am schnellsten einen Tannenzapfen, eine Ameise ...?", fördern die individuelle Konkurrenz, zumal dabei oft Punkte gesammelt werden und ein Gesamtsieger ermittelt wird. Fast das gleiche Spiel kann mit weniger Konkurrenzdruck, aber gleichem Spaß durchgeführt werden. Die Aufgabenstellung würde dann etwa lauten: „Welche Gruppe findet innerhalb von zehn Minuten die schönste Blüte, die originellste Wurzel usw.?" Hier arbeiten die Kinder zusammen, und die Ergebnisse werden gemeinsam bewertet. Das eigene Ergebnis bleibt wertvoll, und man kann sich daran freuen, während es bei der ersten Aufgabenstellung nur darum ging, schneller als die an-

deren zu sein. Wichtig sind die Anregungen Daublebskys, die Gruppen oft zu wechseln, um Spannungen zwischen den Gruppen zu vermeiden, keine Siegpunkte über einen längeren Zeitraum hin sammeln zu lassen oder Spiele durchzuführen, bei denen die ganze Klasse mit sich selbst in Konkurrenz steht (z. B. einen Gegenstand durch die ganze Gruppe einmal links- und dann rechtsherum durchzugeben – wie geht es schneller?). Man könnte eine Fülle von derartigen Anregungen in Anlehnung an Daublebskys Spielvorschläge geben, doch soll es hier nur darum gehen, dem Lehrer bewußtzumachen, daß auf Konkurrenz basierende Spiele – so sehr sie oft von den Schülern verlangt werden – häufig soziale Lernprozesse eher behindern als fördern und manchmal mehr Verstimmung als Freude (allenfalls Schadenfreude) bewirken.

(4) Spielstunden müssen sorgfältig geplant werden. Obwohl der Lehrer offen sein muß für die Vorschläge der Kinder, für die jeweilige Situation, für unvorhergesehene Ereignisse, kann auf eine gute Vorbereitung der Spielstunden nicht verzichtet werden. Dazu gehört die Berücksichtigung der Klassensituation, der Probleme einzelner Schüler, eine Vorüberlegung möglicher Reaktionen auf Spielvorschläge, die Einbeziehung äußerer Bedingungen in die Planung (Ort, Zeit, Wetter, Jahreszeit). Dementsprechend muß der Lehrer Alternativvorschläge bereithalten, Material zur Verfügung stellen. Damit ist keine „Verplanung" der Spielstunden oder eine dirigistische Leitung durch den Lehrer gemeint, sondern eine vorherige Einstellung des Lehrers auf die Situation in der Spielstunde – auch in ihrer Offenheit und Unberechenbarkeit.

(5) Die freiere und zwanglosere Atmosphäre in Spielstunden ist besser geeignet als der Unterricht, „ins Gespräch" mit den Schülern zu kommen. Gelungene und mißlungene Spiele, Freude oder Enttäuschung über bestimmte Gruppierungen während des Spiels und persönliche Probleme von einzelnen Schülern können Anlaß sein, Gefühle zu äußern, Probleme zu verbalisieren und Konflikte auszutragen. Hier treffen sich die Möglichkeiten des Spiels mit den Intentionen gruppendynamischer Übungen, wobei das Spiel mehr als die Gruppendynamik einen natürlichen Anlaß für Gespräche bildet, aber durch Beginn eines neuen Spiels auch Gelegenheit gibt, Gespräche, die in Sackgassen geraten sind, oder die Bearbeitung in der Situation unlösbarer Probleme zu beenden und sie – vielleicht durch ein geeignetes Spiel – zu einem späteren Zeitpunkt wieder aufzugreifen.

(6) Verhaltensweisen, die dem Lehrer und den Schülern in Spielstunden „erlaubt" sind, die oft Bedingungen für das Gelingen

von Spielstunden sind, müssen auch außerhalb solcher Stunden in der Schule akzeptiert werden. Wenn Schüler in Spielstunden lernen, Bedürfnisse zu äußern, Fragen zu stellen, Regeln zu verändern, selbst Vorschläge zu machen; wenn der Lehrer Gefühle zeigt, auf die Schüler eingeht, sich ihrer Kritik stellt, so darf das nicht nur für Ausnahmesituationen gelten. Wenn Spielstunden diesen wünschenswerten Übertragungseffekt auf die Schule nicht haben, werden die Sozialisationserfahrungen der Schüler künstlich gespalten in Lernprozesse, die zwar Spaß machen, aber fürs Leben unbrauchbar erscheinen, und in solche, die nur unter Zwang zu vollziehen, aber allein fürs Leben nützlich sind. Auch der Lehrer wird von den Schülern als gespalten erlebt, als „Mensch" und als Vertreter des Zwangssystems Schule. Spielstunden können dann sogar zu einer Belastung des Lehrer-Schüler-Verhältnisses führen, indem sie von den Schülern allein als Möglichkeit sich auszutoben gesehen werden, was den Lehrer, der ja andere Intentionen verfolgte, enttäuscht. Überdies kann die Verringerung der Distanz zwischen Schülern und Lehrer in Spielstunden von den Schülern als Schwäche ausgelegt werden, die dazu einlädt, seine „Autorität" als Vertreter des Schulsystems zu untergraben.

Gelingt jedoch eine Übertragung der sozialen Erfahrungen, die im Spiel gemacht werden können, auf den übrigen Unterricht, so können Spielstunden dazu beitragen, das Lehrer-Schüler-Verhältnis entscheidend zu verbessern, dem Lehrer seine Arbeit zu erleichtern, vor allem aber eine Spaltung zwischen Lehrerrolle und Lehrerperson zu verhindern und so die Voraussetzung zu schaffen, daß er sich mit seiner beruflichen Arbeit identifizieren kann.

Während für Kinder vor der Pubertät Spielstunden als geeignete Form, soziale Erfahrungen und Erkenntnisse zu vermitteln, angesehen werden können, wird von Jugendlichen das Spiel oft als unrealistisch, „kindisch" abgelehnt. Zwar spielen auch Jugendliche gern, doch haben sie vielleicht die von der Erwachsenenwelt und der Schule vermittelte künstliche Trennung zwischen Spiel und Ernst bereits internalisiert. Das Rollen- und Theaterspiel enthält hier noch sicher einige Möglichkeiten sozialen Lernens, vor allem aber erscheinen einzelne Aspekte gruppendynamischer Trainingsmethoden geeignet, soziales Lernen bei Schülern anzuregen und unbefriedigende Beziehungen zwischen Schülern und Lehrer aufzubrechen. Die in der Gruppendynamik liegenden Möglichkeiten, Einstellungen und Verhaltensweisen zu verändern, wurden bereits an anderer Stelle erwähnt (vgl. Kap. 3.2.4); allerdings sind sie wegen des Machtgefälles zwischen Lehrer und Schülern in der Schule nur schwer anwendbar. Eine Darstellung und Kritik vorliegender Versuche sowie eigene Vorschläge, mit Schülern gruppendynamisch zu arbeiten, gibt Jürgen Fritz [117].

Die Beispiele beziehen sich häufig auf schulische Arbeitsgemeinschaften oder kleine Klassen; trotzdem scheinen zumindest Teilaspekte von gruppendynamischen Übungen auf die Schule anwendbar zu sein. Das soll am Beispiel der Rückspiegelung von Verhaltensweisen aufgezeigt werden.

Lehrer und Schüler könnten vereinbaren, daß jeder dem anderen mitteilen darf (soll!), wie dessen Verhalten auf ihn wirkt, welche Gefühle es bei ihm auslöst. „Diese feedback-Absprache sollte sich sowohl auf die Schüler untereinander erstrecken als auch die Lehrer-Schüler-Interaktion umfassen. Die Absprache sollte universelle Gültigkeit besitzen, d. h., Lehrer und Schüler sollten zu jeder Gelegenheit das Recht besitzen, einander feedback zu geben … Die gegenwärtige Situation ist meist dadurch bestimmt, daß es der Lehrer ist, der sehr massiv leistungsbezogenes feedback gibt. Die Monopolisierung gilt es zu verändern. Die Schüler müßten untereinander ‚Verstärkerwert' erhalten, der Lehrer müßte Schüler-feedback ernst und wichtig nehmen. Möglich wäre es am Anfang, Formen des verzögerten, formalisierten feedbacks zu verwenden. Zum Beispiel könnten Schüler das Lehrerverhalten zunächst anonym (nach vorgegebenen Kategorien) einschätzen. Die Ergebnisse wären dann ein Ausgangspunkt, mit den Schülern ins Gespräch zu kommen. Wichtiger für die Lernprozesse wäre das unmittelbare feedback, das jedoch wegen der Klassengröße häufig auf Schwierigkeiten stoßen kann. Ansätze z. B. wären, wenn Schüler während des Unterrichts äußern dürften, wann ihnen etwas langweilig, zu schwierig, unverständlich vorkommt." [118]

Noch schwerer als die Rückspiegelung von Verhaltensweisen sind andere Prinzipien gruppendynamischer Arbeit auf die Schule zu übertragen – so das „Aufbrechen gewohnter Verhaltensweisen" oder die „Selbstbestimmung der Gruppenmitglieder"; andererseits scheint die Anwendung solcher Prinzipien auf den Unterricht die wichtigste Möglichkeit für eine Veränderung der Lehrer-Schüler-Beziehung darzustellen. Es bleibt zu hoffen, daß möglichst bald weitere Erfahrungsberichte von Lehrern über eine gruppendynamische Arbeit mit ihren Schülern vorliegen und daß möglichst viele Lehrer dazu angeregt werden, zumindest Teilaspekte gruppendynamischer Verfahren in ihrer schulischen Arbeit einzusetzen. Für die Eigeninitiative von Lehrern steht hier noch ein weites Feld offen.

5. Lehrer und Eltern – Möglichkeiten und Grenzen der Kommunikation

Die Lehrer-Schüler-Beziehungen stellen in der Schule ein tägliches Problem dar, sie werden von den Lehrern als das hauptsächliche Belastungsmoment für ihre Arbeit angesehen. Deshalb wurde ihnen auch im Rahmen dieses Buches der größte Platz eingeräumt. Probleme mit den Eltern dagegen scheinen den Lehrer kaum zu belasten; er mag vielleicht das Desinteresse vieler Eltern an der Schule beklagen, eine mangelhafte Unterstützung seiner Arbeit durch manche Eltern empfinden, dann und wann – besonders wenn es um die Versetzung oder Nichtversetzung eines Schülers geht – einmal einen Konflikt mit einzelnen Eltern auszutragen haben; trotzdem wird das Verhalten der Eltern vom Lehrer kaum als schwere Belastung seines Schulalltags erlebt.

Zwei Gründe aber machen eine Behandlung des Lehrer-Eltern-Verhältnisses trotzdem erforderlich. Einmal kann es als gesichert gelten, daß viele Probleme von Kindern und Jugendlichen, die sich in der Schule als Disziplinschwierigkeiten äußern, auch im Zusammenhang mit der familiären Situation der Kinder zu sehen sind; diesen Zusammenhang zu erkennen, kann dem Lehrer helfen, einen Schüler und seine Probleme in einem anderen Licht zu sehen und sein Verhältnis zu diesem Schüler zu verändern. Auch wird der Lehrer sich einer Bitte um Rat oder pädagogische Hilfe durch Eltern nicht mit gutem Gewissen entziehen können. Der gewichtigere Grund für eine Einbeziehung des Lehrer-Eltern-Verhältnisses in Überlegungen zur Psychohygiene des Lehrerberufs liegt allerdings darin, daß ein Lehrer eine Veränderung seines Unterrichts mit dem Ziel, seine Schüler zu selbständigen, kritischen Menschen zu erziehen und die damit verbundenen Methoden – zum Beispiel die Einführung einer wöchentlichen Spielstunde – nicht gegen, sondern nur in Übereinstimmung mit den Eltern seiner Schüler in die Wege leiten kann. Daß Eltern einem Lehrer massive Schwierigkeiten bereiten können, wird deutlich, wenn neue Unterrichtsinhalte und -methoden eingeführt werden sollen. Bei der Einführung der „neuen Mathematik“ in die Schule sah sich mancher Lehrer stellvertretend für die Schulbehörde mit harten Fragen und herber Kritik der Eltern konfrontiert. Während er sich hier jedoch der Verantwortung entziehen und die Eltern an seine Vorgesetzten weiterverweisen konnte, muß er sich bei selbstinitiierten Veränderungen den Fragen der Eltern stellen, ja er muß befürchten, daß Eltern, die seine Vorstellungen und Arbeitsweisen ablehnen, sich direkt an seine Vorgesetzten wenden. Der Lehrer gerät dann häufig von zwei Seiten unter Druck. Viele Lehrer neigen aus Angst vor Schwierigkeiten dazu, Eigeninitiativen zu einer Veränderung des Schulalltags gar nicht zu wagen oder rasch wieder aufzugeben, wenn kritische Stimmen der Eltern laut werden. Ohne Einbeziehung der Eltern ist eine veränderte schulische Arbeit mit dem Ziel der Verbesserung des pädagogischen Klimas zwischen Lehrern und Schülern nicht möglich. Im folgenden soll das näher ausgeführt werden; darüber hinaus sollen Möglichkeiten einer effektiveren Zusammenarbeit zwischen Eltern und Lehrern aufgezeigt werden.

5.1 Die gemeinsame Aufgabe

Wenn man die Sozialisationsprozesse von Kindern und Jugendlichen nicht künstlich in Erziehung und Unterricht aufteilt, das heißt, wenn man den Lehrer nicht auf die Rolle des Unterrichtstechnologen reduziert, der die Erziehung der Familie zu überlassen habe, so müßten Eltern und Lehrer eigentlich zusammenarbeiten – aus der gemeinsamen Erziehungsaufgabe heraus. Eine Trennung der Aufgabenbereiche wird zwar von beiden Seiten manchmal befürwortet, so wenn Eltern sich eine Einmischung des Lehrers in ihre Erziehung verbitten (wenn der Lehrer sie auf einen Zusammenhang von familiären Problemen mit den schulischen Schwierigkeiten eines Schülers hinweist) oder wenn Lehrer den Eltern vorwerfen, unerzogene Kinder in die Schule zu schicken, die ihm eine optimale unterrichtliche Arbeit unmöglich machen. Faktisch aber läßt sich Erziehung nicht von Unterricht trennen. So wird vom Lehrer zumindest verlangt, daß er neben den Unterrichtsinhalten den Schülern bestimmte Arbeitstugenden – wie Aufmerksamkeit, Pünktlichkeit, Sauberkeit, Ordnung oder auch Problembewußtsein und Selbständigkeit – vermittelt. Von den Eltern wird, durch die Praxis der Hausaufgaben, erwartet, daß sie ihren Kindern bei der Bewältigung von inhaltlichen Schwierigkeiten helfen und so die Unterrichtsarbeit des Lehrers unterstützen. Eine Zusammenarbeit wird letztlich auch von den meisten Eltern und

Lehrern gewünscht; sie findet aber praktisch kaum oder nicht in effektiver Weise statt.

Zwei Elterntypen lassen sich – nach einer Untersuchung von Kob – voneinander unterscheiden [119]: eine pädagogisch selbstbewußte Elternschaft, die überwiegend der oberen Mittelschicht angehört und deren Kinder zum überwiegenden Teil Gymnasien besuchen; und die Eltern, deren pädagogisches Selbstbewußtsein schwach ist, die meist zur Unterschicht gehören und deren Kinder vorwiegend die Hauptschule besuchen. Die erste Gruppe kann als schulfreundlich bezeichnet werden, sie besucht die Lehrer häufig in der Sprechstunde und nimmt regelmäßig an Elternabenden teil, bei denen sie auch aktiv mitwirkt. Diese Eltern sind stark am Schulerfolg ihrer Kinder interessiert und von daher bereit, das Lehrerurteil über Begabung und Leistungsstand ihrer Kinder als wichtigen Anstoß für eigene Bemühungen anzunehmen (wie Hausaufgabenhilfe und Nachhilfestunden). Erzieherische Aufgaben werden dem Lehrer kaum zugestanden. Trotzdem erscheint dem Lehrer die Zusammenarbeit mit diesen Eltern eher erfreulich, und er erteilt ihnen Lob mit der typischen Aussage an jedem Elternabend: „Es kommen immer die Eltern zur Schule, deren Kinder wenig Anlaß zur Klage geben; die Eltern der Schüler, mit denen ein Gespräch nötig wäre, fehlen jedoch."

Die zuletzt genannten Eltern besuchen zwar auch manchmal die Elternabende, sie verhalten sich dort aber meist unsicher und passiv. Sie erwarten vom Lehrer weniger, daß er ihren Kindern durch optimale Förderung den Aufstieg in weiterführende Schulen ermöglicht, sondern daß er sie selbst in ihrer Erziehungsaufgabe entlastet. Sie sind bereit, eigene Erziehungsfunktionen an den Lehrer abzutreten. „Die Eltern, deren Kinder beispielsweise die Oberstufe der Volksschule besuchen, verlangen eine stärkere Beanspruchung ihrer Kinder durch die Schule … Die Schule soll hier ganz offensichtlich die Aufgabe der sinnvollen Beschäftigung der Kinder abnehmen, auch außerhalb der Schulzeit." [120] Mit diesen Eltern gelingt dem Lehrer meist keine Zusammenarbeit. Soziale Barrieren zum Lehrer, Ressentiments der Eltern gegen die Schule, die aus ihrer eigenen Schulzeit herrühren, sowie die Angst, bei schlechten Schulleistungen ihrer Kinder vom Lehrer nur Vorwürfe zu hören, machen eine Kooperation äußerst schwierig.

Doch auch die anscheinend bessere Zusammenarbeit mit den pädagogisch selbstbewußten Eltern trügt. Diese Eltern sind letztlich nur am schulischen Fortkommen ihres eigenen Kindes interessiert, und sie sind entschlossen, auch gegen den Rat des Lehrers an ihren eigenen, für ihre Kinder festgesetzten schulischen und beruflichen Zielen festzuhalten. Besonders Grundschullehrer müssen oft erfahren, daß diese Eltern Druck auf sie ausüben, wenn sie sich bemühen, alle Kinder gleichermaßen zu fördern, und ihren Unterricht nicht nur an den zukünftigen Gymnasiasten ausrichten. Die Qualität eines Grundschullehrers wird von Eltern oft danach bewertet, wieviel Prozent eines Schülerjahrgangs er in Gymnasien und Realschulen „bringt". Vor allem Lehrer, die sich bemühen, durch neue Unterrichtsinhalte und -verfahren die Schülerbedürfnisse in den Mittelpunkt ihres Unterrichts zu stellen, werden von dieser Elternschaft sofort unter Druck gesetzt, wenn sie befürchtet, daß dadurch der schulische Aufstieg ihrer eigenen Kinder beeinträchtigt werden könnte. Dessen muß sich der Lehrer bewußt sein, der durch Entlastung der Schüler von Zwangsmaßnahmen versucht, das schulische Klima zu verbessern; er muß sich auch fragen, inwieweit er Schüler, die er – seinem Auftrag entsprechend – zur Mündigkeit, Selbstbestimmung und Kritikfähigkeit erzieht, einem unzumutbaren Konflikt aussetzt, wenn die Schüler zu Hause dadurch in Schwierigkeiten geraten. „Der Lehrer hat ... mit Schwierigkeiten zu rechnen, wenn die in der Schule geübte Kritikfähigkeit zu Hause spürbar wird und sich das Verhalten des Kindes den Eltern gegenüber ändert. Beginnen die Kinder, die Auffassungen der Erwachsenen kritisch in Frage zu stellen und unbegründete Erziehungsmaßnahmen nicht mehr ohne weiteres auszuführen, dann wird dieses Verhalten den meisten Eltern ‚unangenehm'. Auch berechtigte Kritik der Kinder wird sehr schnell als Frechheit und Ungezogenheit denunziert. Hier ist die Frage nach der pädagogischen Verantwortung des Lehrers zu stellen, inwieweit Schülern Konflikte zugemutet werden können." [121]

Elternarbeit ist aus verschiedenen Gründen unabdingbare Voraussetzung für eine befriedigende und effektive Arbeit des Lehrers. Sie ist Grundlage für die notwendige Einheit von Erziehen und Unterrichten; sie muß auch die passiven, desinteressierten und der Schule ablehnend gegenüberstehenden Eltern einbeziehen, und sie muß Versuche von Lehrern, den Schulalltag für ihre Schüler und für sich selbst befriedigender zu gestalten, den Eltern gegenüber begründen und gegen vorschnelle und unberechtigte Kritik absichern. Die Lehrer müssen erkennen, „daß sie nur mit Unterstützung der Eltern einen emanzipatorisch orientierten Unterricht praktizieren können" [122]. Im folgenden sollen deshalb einige Möglichkeiten einer effektiven Elternarbeit von der Schule aus dargestellt werden.

5.2 Das Elterngespräch

Elternsprechstunden der Lehrer gehören zum festen Inventar der schulischen Organisation. Meist setzen Lehrer eine Hohlstunde während des Unterrichtsvormittags als Termin für mögliche Elterngespräche an, zu denen Eltern nach vorheriger Anmeldung oder spontan in die Schule kommen können oder zu denen sie aufgrund besonderer Ereignisse vom Lehrer in die Schule gebeten werden. An manchen Schulen ist es darüber hinaus üblich, einmal im Jahr – meist nach dem Halbjahreszeugnis, was bezeichnend für den erwarteten Gesprächsgegenstand ist – einen Elternsprechtag, der sich bis in den Abend hineinzieht, anzusetzen. Beide Formen der Elternarbeit sind nicht sehr effektiv. Am Unterrichtsvormittag ist der Lehrer meist froh, wenn ihn keine Eltern aufsuchen, da er die Zeit dann für schulische Nebenarbeiten, für Unterrichtsvorbereitungen oder auch zur eigenen Erholung nutzen kann. Die Forderung des Lehrers, daß Eltern sich vorher anzumelden haben, macht diese Tendenz deutlich. Andererseits können in der Regel nur Eltern, die nicht berufstätig sind, die keine Kleinkinder zu versorgen bzw. wichtige häusliche Pflichten zu erledigen haben, diese Termine nutzen. Familien, in denen die Mutter berufstätig ist, werden durch eine solche Terminplanung des Lehrers diskriminiert, und es wird ihnen oft zusätzlich noch vorgeworfen, sich nicht um die schulische Entwicklung ihrer Kinder zu kümmern, wenn sie diese vom Lehrer angebotenen Termine für ein Gespräch nicht wahrnehmen.

Einmal im Jahr stattfindende Elternsprechtage geben zwar allen Eltern die Möglichkeit, ein Gespräch mit dem Lehrer zu führen, die äußere Situation – wie Wartezeiten vor den Sprechzimmern, „Massenabfertigung“ durch Lehrer, die Hauptfächer unterrichten und daher von vielen Eltern aufgesucht werden, sowie der unmittelbare Bezug zu den oft kurz zuvor verteilten Zeugnissen – aber steht auch hier einer günstigen Gesprächsatmosphäre im Wege. Der Lehrer sollte sich deshalb andere Formen für eine Kontaktaufnahme mit den Eltern überlegen. Ein Terminangebot am späten Nachmittag oder frühen Abend für Gespräche mit den Eltern ist sicher günstiger als der Vormittag. Möglicherweise kann das Telephon von den Eltern wie vom Lehrer als Mittel der Kontaktaufnahme benutzt werden.

Informelle Gespräche auf der Straße oder beim Kaufmann sind manchmal sehr gut geeignet, Barrieren zwischen Eltern und Lehrer abzubauen. Dazu muß aber meist der Lehrer die Initiative ergreifen. Die größere Zwanglosigkeit der Gesprächssituation ist oft besser geeignet, Probleme anzusprechen, als die sterile Atmosphäre in der Schule. Aber auch hier kann durch die Wahl eines geeigneten Raumes eine günstige Gesprächsatmosphäre geschaffen werden. Ein leerer Klassenraum, in dem womöglich der Lehrer am Pult, die Mutter auf einem Schülerstuhl davor sitzt, eine Ecke im Lehrerzimmer oder der Gang vor den Klassenräumen stellt keine geeignete Gesprächsatmosphäre her. Ein gemütliches, mit Sesseln ausgestattetes Besucherzimmer, das möglichst nicht gleichzeitig der Sanitätsraum der Schule ist, kann ein zwangloses Gespräch begünstigen.

Der Anlaß für Gespräche sollte nicht immer in schlechten Schulleistungen oder in Disziplinschwierigkeiten eines Schülers liegen. Dadurch kommt der Gang zur Schule für viele Eltern einem Gang zum Gericht gleich. Sie fühlen sich mit ihren Kindern vom Lehrer kritisiert, abgewertet, verurteilt. Gute Leistungen, positive Verhaltensänderungen und besondere Fähigkeiten eines Schülers sollten vom Lehrer zumindest ebenso häufig zum Anlaß für Gespräche mit den Eltern genommen werden wie Probleme eines Schülers.

Damit werden bereits die Methoden des Elterngesprächs tangiert. Der Lehrer gibt häufig im Gespräch mit Eltern Beurteilungen über einen Schüler, Hinweise und konkrete Ratschläge für die Eltern. Dies geschieht zum Teil aus Zeitmangel für ein echtes Gespräch, zum Teil weil sich der Lehrer von den Eltern in die Rolle des Beurteilers und Ratgebers gedrängt fühlt. Dabei aber werden die Probleme von Eltern und Schülern meist nur sehr vordergründig angesprochen. Häufig verbergen sich hinter den Fragen der Eltern an den Lehrer viel tieferliegende Probleme, für die sie sich – oft unbewußt – vom Lehrer eine Lösung erhoffen. Auch hier können dem Lehrer, der bereit ist, auf Probleme der Eltern einzugehen, Methoden des aktiven Zuhörens und der nicht-direktiven Beratung sehr hilfreich sein. Ein Lehrer, der im Gespräch mit Eltern nicht ständig die Initiative übernimmt, der nicht mit vorschnellen Ratschlägen Scheinlösungen anbietet, sondern der die Eltern zu Wort kommen läßt, zuhört, sich um Verständnis bemüht, erhält viele Hinweise, die ihm das Verhalten eines Schülers erklären können, und er kann Eltern das Gefühl geben, verstanden worden zu sein, im Lehrer einen Gesprächspartner gefunden zu haben, der sich mit ihnen zusammen um eine Lösung ihrer Probleme bemüht. Grundlagen für solche Elterngespräche können jedoch nicht allein durch eine günstige Terminansetzung von Lehrersprechstunden gelegt werden, sondern sie basieren auf außerschulischen Kontakten zwischen Lehrer und Eltern, auf Eigeninitiativen des Lehrers oder auf gelungenen Elternabenden.

5.3 Der Elternabend

Die üblicherweise durchgeführten Elternabende sind oft organisatorisch und methodisch wenig effektiv für eine Zusammenarbeit zwischen Eltern und Lehrer. Die sterile Atmosphäre des Klassenzimmers, die bei vielen Eltern unangenehme Assoziationen zu ihrer eigenen Schulzeit weckt, eine frontal ausgerichtete Sitzordnung, die üblichen Informationen durch den Lehrer und die Dominanz der sprachgewandteren Eltern (häufig sind es auch die Eltern der besseren Schüler) im Gespräch stellen – vor allem für weniger sprachgewandte Eltern – kein günstiges Klima der Zusammenarbeit dar. Manche Eltern bleiben deshalb den Elternabenden fern, andere besuchen sie, um ihren Kindern nicht zu schaden, ohne aber einen Nutzen aus diesen Veranstaltungen zu ziehen. Auch der Lehrer lernt diese Eltern nicht besser kennen; er bemüht sich nicht, sie zu aktivieren, und beschränkt sich auf die Kommunikation mit den sprachgewandteren und pädagogisch meist besser orientierten Eltern. Die hier beschriebene Form des Elternabends ist weder geeignet, die Eltern-Lehrer-Beziehung zu verbessern im Hinblick auf eine wirkungsvolle pädagogische Zusammenarbeit zum Wohle der Schüler, noch stellt sie eine geeignete Form dar, die Eltern aufgeschlossen und einsichtig für ein Lehrerverhalten zu machen, das auf Emanzipation und Mündigkeit seiner Schüler ausgerichtet ist. Hierfür bedarf es neuer methodischer und inhaltlicher Formen der Elternarbeit, aber auch Äußerlichkeiten sind dabei von Bedeutung.

Der Lehrer könnte durch persönliches Ansprechen einzelner Eltern (telephonisch oder „im Vorbeigehen" zu Hause) diesen deutlich machen, daß ihm ihre Teilnahme am Elternabend wichtig ist – das darf jedoch nicht mit dem Vorwurf verbunden sein, daß sie bisher stets gefehlt hätten und daß ihr Kommen wegen der Schwierigkeiten ihres Kindes dringend erforderlich wäre.

Wenn das Klassenzimmer als gemütlicher Arbeits- und Lebensraum eingerichtet ist, kann es durchaus der geeignete Ort für einen Elternabend sein, zumal da Eltern dadurch an der schulischen Arbeit ihrer Kinder teilnehmen können. Meist aber lädt die Sterilität der Klassenzimmer nicht zu einer freien Aussprache zwischen

Eltern und Lehrer ein; das Nebenzimmer einer Gaststätte ermöglicht eher eine zwanglose Gesprächsatmosphäre auch in kleineren Gruppen. Gerade Väter, deren Fehlen am Elternabend zumeist beklagt wird, sind zu einer Teilnahme eher bereit, wenn ihnen nach Feierabend eine gemütlichere Atmosphäre als die des Klassenzimmers und die Möglichkeit, etwas zu trinken, geboten wird. Sicher sind die Inhalte der Elternarbeit wichtiger als organisatorische Fragen, von denen sich noch viele aufzählen ließen [123], doch stellen die organisatorischen und methodischen Voraussetzungen eine Vorbedingung dafür dar, daß Eltern überhaupt erst einen Elternabend besuchen, sich dort wohl fühlen, zum Wiederkommen bereit sind. Damit werden die Grundlagen für eine engere Kooperation zwischen Eltern und Lehrer gelegt.

Auch methodisch könnten neue Formen des Elternabends gefunden werden. Häufig kennen die Eltern der Schüler sich gegenseitig kaum – die Wahl der Elternvertreter macht das deutlich. Meist wird derjenige gewählt, der in den Diskussionen am aktivsten war. Ein besseres Kennenlernen könnte zum Beispiel dadurch erreicht werden, daß sich zu Beginn eines Elternabends je zwei einander nicht gut bekannte Eltern zehn Minuten miteinander bekannt machen und sich dann gegenseitig allen anderen vorstellen. Dabei ist eine kreisförmige Sitzordnung, in der jeder die anderen sieht, allein angebracht. Das Partnergespräch sollte möglichst frei ablaufen; man kann es aber ein wenig strukturieren, indem man die Eltern bittet, sich auch über Wünsche und Interessen in bezug auf die Schule zu unterhalten. Es kann – vor allem, wenn viele Eltern zusammengekommen sind – von dieser Form des Einstiegs in den Elternabend nicht erwartet werden, daß die Eltern sich alle danach wirklich besser kennen – Namen werden schnell wieder vergessen –, doch wird dadurch ein erster Kontakt für alle möglich. Sprachlich weniger gewandte Eltern werden dadurch zum Sprechen aufgefordert, ohne daß sie Angst haben müßten, sich „öffentlich" zu blamieren. Meinungen und Vorstellungen können geäußert werden ohne Angst, daß sie von den anderen als falsch angesehen werden. Die Aufgabe, sich gegenseitig allen anderen vorzustellen, bringt die Eltern dann zwar doch in die Situation, vor allen sprechen zu müssen, aber man spricht nicht über sich, sondern über seinen Gesprächspartner und dessen Erwartungen. Man kann diese Vorstellung kürzer oder ausführlicher gestalten, man kann sich an Formulierungen anderer Teilnehmer anschließen. Eine sehr viel größere Meinungsvielfalt kommt durch dieses Vorgehen zur Geltung, sie kann in einem anschließenden gemeinsamen

Gespräch vom Lehrer aufgegriffen werden. Dabei kann er vor allem auch auf Erwartungen und Vorstellungen von Eltern achten, die in einer großen Diskussion kaum genannt worden wären. Damit aber kann er einmal den vielfältigen Erwartungen besser gerecht werden, zum anderen aber kann er auch den sonst passiven Eltern zeigen, wie wichtig ihre Beiträge sind. Dieses Beispiel der möglichen Anfangsphase eines Elternabends darf nicht als verbindliche Form aufgefaßt werden; es sollte lediglich zeigen, daß durch kleine methodische Arrangements eine zwanghafte Atmosphäre entkrampft und erste Anstöße für Verhaltensänderungen gegeben werden können.

Partner- und Gruppengespräche über schulische Probleme können ebenfalls besser als Plenumsdiskussionen erreichen, daß die Eltern ihre eigene Meinung zum Ausdruck bringen, daß sie lernen, anderen zuzuhören, sie zu verstehen und Kompromisse zu schließen. Wenn die einzelnen Gruppen ihre Diskussionsbeiträge ins Plenum einbringen, hat der einzelne eher das Gefühl, selbst an einer Lösung beteiligt zu sein, als wenn die Diskussion von einigen wenigen Wortführern beherrscht wird.

Damit es zu echten Gesprächen, zur gemeinsamen Suche nach Problemlösungen kommt, darf der Lehrer nicht in erster Linie über selbst oder von der Schulbehörde getroffene Entscheidungen informieren, sondern er muß den Eltern eigene ungelöste Probleme zur Diskussion stellen, so daß ein von allen getragener Entscheidungsfindungsprozeß in Gang kommen kann. Die Autorität des Lehrers leidet nicht darunter, wenn er zugibt, Probleme zu haben; vielmehr dürften Eltern mehr und mehr das ehrliche Bemühen eines Lehrers anerkennen, der mit ihnen gemeinsam im Interesse ihrer Kinder Schwierigkeiten zu überwinden versucht. Im Umgang mit den Eltern wäre die gleiche Einstellungs- und Verhaltensänderung des Lehrers nötig wie im Umgang mit Schülern. Eine partnerschaftliche Zusammenarbeit gelingt nur bei einer größtmöglichen Offenheit der Partner. Der Lehrer kann auch hier den Eltern vorausgehen, indem er nicht seine Fach- und Amtsautorität herausstellt, sondern eben auch über seine Schwierigkeiten spricht.

Besonders wenn der Lehrer den Schulalltag in seinen Klassen in Richtung auf mehr Autonomie der Schüler verändern möchte, ist er auf Zusammenarbeit angewiesen. Ausgehend von den aktuellen Problemen der Schule, die auch für die Eltern einsichtig sind, könnte er mit ihnen zusammen neue pädagogische Ansätze entwickeln, zum Beispiel Spielstunden, Projektunterricht u. a. Werden die Eltern dagegen in solche Vorhaben des Lehrers nicht eingeweiht, unterlaufen sie häufig die Bemühungen des Lehrers aus Angst um das schulische Fortkommen der eigenen Kinder. Überdies darf ein emanzipatorischer Unterricht nicht „hinter dem Rükken" der Eltern ablaufen oder gegen diese gerichtet sein, da das seinen Zielen widerspräche. Um die Eltern allerdings für eine solche Form der Zusammenarbeit gewinnen zu können, reicht sicher der ein- bis zweimal jährlich durchgeführte Elternabend nicht aus, sondern es ist eine permanente Zusammenarbeit nötig.

5.4 Weitere Aktivitäten des Lehrers zur Verbesserung seiner Beziehung zu den Eltern

Die folgenden kurzen Anregungen, die zeigen, wie der Lehrer über die vorgeschriebene Elternarbeit hinaus versuchen kann, eine partnerschaftliche Zusammenarbeit mit den Eltern seiner Schüler zu erreichen, werden bei vielen Lehrern sicher auf Ablehnung stoßen, da sie unter Umständen mit viel zusätzlichem Zeitaufwand verbunden sind und der Lehrer ohnehin arbeitsmäßig stark belastet ist. Die Vorschläge verstehen sich deshalb auch nur als Anregungen für den Lehrer, der nach Möglichkeiten sucht, die Beziehungen zu den Eltern um seiner Schüler willen effektiver zu gestalten. Andererseits scheint – so wurde oben ausgeführt – eine Veränderung des Schulalltags nicht ohne die Eltern möglich zu sein. Vielleicht kann den Lehrer eine größere Befriedigung bei seiner Arbeit dann auch für die eine oder andere zusätzliche Stunde, die für die Elternarbeit eingesetzt wird, entschädigen. Die folgenden Vorschläge stammen zumeist aus Berichten erfolgreicher Versuche von Lehrern, ungewohnte Formen der Elternarbeit durchzuführen.

Bekannt, aber wenig praktiziert dürfte der Hausbesuch des Lehrers bei den Eltern seiner Schüler sein. Er setzt allerdings bereits eine positive Beziehung zwischen Lehrer und Eltern voraus, da er sonst von den Eltern leicht als Kontrolle empfunden werden könnte. Diese Form ist darüber hinaus sehr zeitaufwendig, da sich die Dauer der Besuche nicht einplanen läßt und da sie möglichst bei allen Eltern durchgeführt werden müßten, um sowohl Gefühle der Benachteiligung („zu uns kam der Lehrer nicht, ihm liegt wohl weniger an unserem Kind") als auch der Diskriminierung („der Lehrer kommt, um uns zu kontrollieren") nicht entstehen zu lassen. Der Hausbesuch kann jedoch die Möglichkeit bieten, daß sich Eltern und Lehrer außerhalb der Schule etwas besser kennenlernen, daß Eltern mit dem Lehrer über Probleme sprechen können, wie umgekehrt der Lehrer seine schulischen Vorhaben und Schwierigkeiten mit einzelnen Eltern diskutieren kann.

Aus der Unzufriedenheit von Eltern und Lehrer über zu wenig gegenseitige Kontakte – die übrigens nach einem für alle Seiten sehr befriedigenden Elternabend geäußert wurde, so der Bericht einer Grundschullehrerin – entstand der Wunsch, sich häufiger zwanglos zu treffen. Man richtete daraufhin einen alle zwei Wochen stattfindenden Stammtisch ein, der zwar nicht von allen Eltern regelmäßig, aber doch von den meisten häufig besucht wurde. Es zeigte sich, daß vor allem Väter aus der sogenannten Unterschicht zunehmend häufiger an diesen informellen Treffen teilnahmen, zumal das gemütliche Beisammensein und nicht die Diskussion schulischer Probleme im Mittelpunkt stand. Zwar nutzten – und das ist durchaus positiv zu sehen – manche Eltern das zwanglose Treffen mit der Lehrerin vor allem anfangs für eine Sprechstunde außerhalb der Schule; die Lehrerin empfand diese Abende deshalb zunächst als sehr anstrengend. Mit der Zeit aber wurden Elternäußerungen häufiger, wie: „Ich habe da noch ein paar Fragen wegen meiner Tochter, aber ich will Sie heute nicht damit behelligen. Ich komme dann mal in Ihre Sprechstunde.“ Die Häufigkeit von Elternbesuchen in den Sprechstunden der Lehrerin nahm dann auch stark zu. Bei einem solchen Stammtisch können in zwangloser Atmosphäre Informationen ausgetauscht und Probleme angesprochen werden; vor allem aber können sich Eltern und Lehrer von einer anderen als der schulischen Seite kennenlernen, was dann auch die schulischen Kontakte entkrampft und zu sehr viel mehr Aufgeschlossenheit beider Seiten füreinander führt.

Einen ähnlichen Effekt kann die Einbeziehung von Eltern bei Klassenfesten haben. Allerdings müssen dann diese Feste häufig gefeiert werden, und sie dürfen nicht unter dem Motto „Kinder spielen für ihre Eltern“ stehen, da sie so Zwang und Leistungsdruck bei den Schülern erzeugen können. Werden sie aber in zwangloser Form durchgeführt, so enthalten sie positive Kontaktmöglichkeiten, und sie können Schülern und Eltern das Gefühl geben, daß Schule auch Spaß machen kann, aber auch Wege aufzeigen, *wie* Schule Spaß machen kann.

Die Einladung an die Eltern, dem Unterricht beizuwohnen, zeugt von Versuchen eines Lehrers, sein didaktisches und methodisches Vorgehen offenzulegen und sich Fragen und möglicher Kritik zu stellen. Diese Einladung soll nicht als einmal jährlich stattfindender „Tag der offenen Tür“ verstanden werden, für den

Lehrer Schaustunden präparieren, sondern als Versuch des Lehrers, seine alltägliche Unterrichtsarbeit durchsichtig und diskutierbar zu machen. Das erfordert jedoch einerseits ein starkes Selbstbewußtsein des Lehrers, andererseits ein bereits vorhandenes Klima der Zusammenarbeit zwischen Lehrer und Eltern, die Bereitschaft, gemeinsam Probleme zu lösen und voneinander zu lernen. Diese Form der Elternarbeit ist für Schüler, Eltern und Lehrer ungewohnt; andere Formen der Kontaktaufnahme müssen ihr sicher vorausgehen. Dann aber könnte sie dazu beitragen, Vorurteile von Eltern gegen einen stärker schülerorientierten Unterricht abzubauen, indem diese erkennen, daß und wie in einem solchen Unterricht gelernt wird. Gespräche zwischen Lehrer und Eltern müssen vor, besonders aber nach einem Unterrichtsbesuch stattfinden.

Eine Vorstufe für die nicht unproblematische Kommunikation zwischen Eltern und Lehrer durch Unterrichtsbesuche stellen Elternbriefe des Lehrers dar. In diesen Briefen, die regelmäßig oder zu bestimmten Anlässen verschickt werden können, legt der Lehrer den Eltern seine Unterrichtsvorhaben dar und versucht, sie zu erklären. Gerade bei der Durchführung von Projekten, für welche die Schüler auch außerhalb der Unterrichtszeit arbeiten, ist eine Information der Eltern wünschenswert. Eltern sollten dabei aber nicht nur auf die vielleicht anfallende Arbeitszeit der Schüler oder auf mögliche materielle Aufwendungen hingewiesen werden, sondern sie sollten auch eine begründete Darstellung der verfolgten Ziele und eingesetzten Methoden erhalten. Dadurch können Eltern in die Projektarbeit miteinbezogen werden, vor allem aber kann ihr Mißtrauen gegen unbekannte Unterrichtsverfahren abgebaut werden. Natürlich sollte der Lehrer in solchen Elternbriefen auch immer seine Bereitschaft zu Gesprächen zeigen.

Eine Einbeziehung der Eltern in den Unterricht könnte gerade bei der Durchführung von Projekten auch darin bestehen, daß Lehrer und Schüler den fachkundigen Rat oder die Hilfe kompetenter Eltern bei Einzelproblemen einholen. Arbeiten zum Beispiel Eltern von Schülern als Maler, Elektriker, Schreiner u. a., so könnten sie herangezogen werden, wenn sich ein Projekt mit der Einrichtung und Ausgestaltung eines Club- oder Hobbyraumes in der Schule beschäftigt. Hier könnte den Schülern die Realität, den Eltern die Schule nähergebracht werden. Eine solche Einbeziehung von Eltern in den Unterricht ist besonders auch dann denkbar, wenn es um Fragen der Berufswahl und Berufsvorbereitung der Schüler geht. Befragungen von Eltern über ihren Arbeitsplatz, ihre Arbeitsbedingungen u.a. sind oft aufschlußreicher als eine Betriebsbesichtigung unter fachmännischer Führung. Auch hierdurch kann den Schülern ein Stück Realität vermittelt, den Eltern das Interesse der Schule an ihrer Tätigkeit gezeigt werden. Beispiele für eine solche Einbeziehung der Eltern in die Schule gibt ein Modellversuch der Initiativgruppe Solingen[124].

Eine letzte Form der Zusammenarbeit zwischen Eltern und Lehrern sei noch angesprochen, die Solidarisierung gegenüber der Schulbehörde und der Kulturpolitik im gemeinsamen Interesse der Kinder. Elterninitiativen für kleine Klassen, für einen Abbau des Leistungsdrucks in den Schulen, für die Einstellung von mehr Lehrern u.a. werden von der Mehrzahl der Lehrer mitgetragen.

Hier wird das gemeinsame Ziel von Eltern und Lehrern, das oft in den täglichen Querelen der Schularbeit aus den Augen verloren wird, wieder deutlich. Bezeichnend ist auch, daß sich Eltern in Einzelfällen gegen die Entlassung angeblich radikaler Lehrer solidarisieren und zur Wehr setzen, weil sie erkennen, daß viele dieser Lehrer sich für ihre Kinder engagieren und daß ihre Radikalität manchmal darin gesehen wird, daß sie ihrem Auftrag, die Schüler zu mündigen, kritischen Staatsbürgern zu erziehen, auch praktisch nachkommen wollen. Von einer Solidarität im Interesse der Kinder ausgehend kann dann auch die ganz konkrete alltägliche Zusammenarbeit zwischen Eltern und Lehrern befruchtet werden.

6. Der Lehrer und seine Kollegen – Konkurrenz oder Kooperation

Treten die Eltern der Schüler im Schulalltag des Lehrers eher indirekt in Erscheinung, so ist der Kontakt zu den Kollegen täglich gegeben und recht bedeutend für das psychische Wohlbefinden eines Lehrers. Jeder Lehrer wünscht sich, in einem „netten“ Kollegium zu arbeiten. Manche Lehrer, die die Arbeit mit den Schülern als sehr belastend empfinden, sehen in einem guten Kontakt zu ihren Kollegen, in einer entspannten Atmosphäre im Lehrerzimmer einen Ausgleich, der ihnen die Schule einigermaßen erträglich erscheinen läßt. Ist das Kollegium zu groß, so bilden sich häufig Untergruppen von Lehrern, die sich in der Pause in die Bibliothek, in ein Fachzimmer oder auch nur in eine Ecke des Lehrerzimmers zurückziehen.

Diese Kontakte sind für den Lehrer deshalb so wichtig, weil sie für ihn den einzigen Umgang mit Erwachsenen während des Schulvormittags darstellen; man kann sich mit seinesgleichen unterhalten, ohne so sehr die Wirkung des eigenen Verhaltens auf andere beachten zu müssen, wie dies ein Lehrer Kindern gegenüber tun zu müssen glaubt. Daß diese Art des Kontakts der Entspannung des Lehrers dienen kann, ist unbestritten; doch scheint es oft ein nicht planbarer Glücksfall zu sein, wenn man als Lehrer in ein „nettes“ Kollegium versetzt wird, wenn man unter den Kollegen geeignete Kommunikationspartner findet. Darüber hinaus ist die Zeit für solche Kontakte sehr kurz bemessen, sie beschränkt sich auf die großen Pausen, ein kurzes Gespräch zwischen den Unterrichtsstunden, allenfalls einmal eine gemeinsame Hohlstunde; und auch diese Zeiten sind oft mit Unterrichtsvor- und -nachbereitungen, mit Verwaltungsarbeiten oder Elterngesprächen ausgefüllt. Ein längerer Kontakt ergibt sich möglicherweise, aber meist selten, bei Lehrerfesten (vor allem dem Ferienumtrunk) oder bei gemeinsamen Ausflügen. Manche Lehrer halten auf privater Ebene über die Schule hinaus Kontakte zueinander.

Diese Kommunikationsformen sowie das Prinzip der Kollegialität[125], das bedeutet, daß Lehrer einander gegenüber der Öffentlichkeit – vor allem gegen Eltern und Schüler – in allen Belangen in Schutz nehmen und verteidigen, lassen die Beziehungen unter Lehrern als im ganzen freundlich und harmonisch erscheinen. Trotzdem wird das Verhältnis zwischen den Lehrern in fundierten Analysen meist als „isoliertes Nebeneinanderherarbeiten“, als „Konkurrenzverhältnis“ beschrieben[126]. Die Isolierung rührt von einer genauen Abgrenzung der Kompetenzbereiche von Lehrern nach Fächern und Klassen her, und das Prinzip der Kollegialität bedeutet eben auch, daß man sich in die Arbeit des Kollegen nicht einmischt, daß man in seinen Kompetenzbereich nicht eindringt. Wellendorf beschreibt die Konsequenzen dieser Situation für die Arbeit des Lehrers: „Diese Isolierung des Lehrers von seinen Kollegen während seiner Aktivitäten in der Klasse bedeutet einerseits einen Schutz: die Fähigkeit zu unterrichten wird von Schülern, Eltern, Kollegen und Vorgesetzten weitgehend mit der Fähigkeit, in der Klasse Ordnung und Disziplin zu halten, identifiziert; die Erfolgsideologie der Schule besagt, daß ‚erfolgreiche Lehrer keine Probleme haben‘. Diese Ideologie ist für den Lehrer jedoch eine permanente Angstquelle, die ihn seine Sicherheit hinter den verschlossenen Türen der Klasse suchen läßt.“[127] Das Konkurrenzverhältnis zeigt sich im Bemühen junger Lehrer, vom Schulrat besonders gut beurteilt zu werden, bei älteren Kollegen geht es dann darum, bei Schulleiter und Behörde besonders gut angesehen, bei Schülern besonders beliebt zu sein oder bei Eltern als der Lehrer zu gelten, der die meisten Kinder ins Gymnasium überweisen kann.

Folge dieser Einstellung ist es, daß man mit Kollegen nicht über seine wirklichen schulischen Probleme spricht, sondern über Nebensächlichkeiten; hinter vorgehaltener Hand tauscht man auch seinen Ärger aus über eigene Benachteiligungen (so, daß man eine besonders schwierige Klasse oder einen besonders ungünstigen Stundenplan bekommen habe), oder man spricht über das Versagen anderer Kollegen. All dies sind Versuche, sich selbst aufzuwerten oder eigene Probleme als Folge ungünstiger äußerer Bedingungen darzustellen. Das hier gezeichnete Bild stellt zugegebenermaßen eine Übertreibung der Situation in vielen Schulen dar, doch ist die Struktur der Schule sicher geeignet, solche Tendenzen zu unterstützen. Dem entgegenzuwirken und effektivere Kommunikationsformen unter Kollegen zu erreichen ist eine Aufgabe, die gelöst werden muß, wenn der Schulalltag entlastet und eine befriedigendere Arbeit des Lehrers erreicht werden soll.

6.1 Einige Möglichkeiten zur effektiveren Zusammenarbeit von Lehrern

Junglehrer stehen von ihrem kurz zurückliegenden Studium her verschiedenen Formen der Kommunikation und Kooperation noch näher als ältere Kollegen (wenn auch die Kultusbehörde – zum Beispiel in Baden-Württemberg durch ein Verbot von gemeinschaftlich erstellten Referaten und Zulassungsarbeiten – die Kooperation schon während des Studiums unterbinden möchte). Sie sind es von ihrer schulpraktischen Ausbildung her auch gewöhnt, vor „Zuschauern" – Kommilitonen, Ausbildungslehrern, Dozenten – zu unterrichten. Sie sollten die positiven Aspekte der Zusammenarbeit in der Schule weiterführen, indem sie sowohl untereinander als auch mit älteren Kollegen über ihre schulischen Probleme diskutieren und indem sie sich gegenseitig im Unterricht besuchen, gemeinsam über die einzelnen Stunden sprechen und nach Alternativlösungen suchen. Es ist mir von sehr vielen Junglehrern bekannt, daß sie ihre derzeitige Situation, nur mit einem Teildeputat in der Schule zu unterrichten, vor allem zu diesen gegenseitigen Unterrichtsbesuchen nutzen. Die häufig nicht vermeidbaren Hohlstunden sind ihnen Anlaß dazu.

Diese Praxis kann einer Isolierung, der gerade der Junglehrer in besonderem Maße ausgesetzt ist, da ihm noch praktische Erfahrungen zur Bewältigung des Unterrichtsalltags fehlen, entgegenwirken. Diese Anregung beschränkt sich natürlich nicht auf Junglehrer, doch könnten gerade von ihnen Impulse ausgehen, auch die schon länger im Schuldienst stehenden Kollegen in diese Form der Kommunikation einzubeziehen. Positive Kritik, Anregungen für mögliche Verhaltensänderungen, didaktische und methodische Ratschläge können dem einzelnen Lehrer helfen, für seine Schüler und für sich selbst effektivere Unterrichtsformen zu entwickeln und Problemsituationen „objektiver", das heißt aus der Sicht eines nicht so stark in die Situation involvierten Beobachters, zu sehen, ohne daß damit eine Beurteilung und Benotung des Lehrers verbunden wäre.

Eine größere Offenheit bei der Diskussion von Schwierigkeiten mit Schulklassen oder einzelnen Schülern könnte sicher eine Hilfe für alle Lehrer darstellen. Weshalb diese Offenheit nur selten erreicht wird, wurde oben gezeigt. Trotzdem besteht bei vielen Lehrern das Bedürfnis, über ihre Probleme zu sprechen, da sie sich dadurch eine Hilfe für ihre Arbeit erhoffen. Holling und Bammé betonen, daß Lehrer ihre Schwierigkeiten „im Gespräch mit Dritten oder in Lehrergruppen außerhalb der eigenen Schule freimütig eingestehen und ausgiebig diskutieren“[128]. Dies bestätigt sich auch auf Lehrerfortbildungstagungen oder in gruppendynamischen Seminaren für Lehrer. Es ist denkbar, daß die Bereitschaft, über eigene Probleme zu sprechen, auch im Lehrerkollegium einer Schule hergestellt werden kann, wenn der eine oder andere Lehrer – oder besser noch eine Lehrergruppe – bereit ist, mit gutem Beispiel voranzugehen. Wenn Rogers vom Lehrer fordert, gegenüber seinen Schülern die Initiative zu ergreifen, seine Gefühle mitzuteilen, sich persönlich einzubringen, um auch die Schüler zu einem solchen Verhalten zu veranlassen, so kann dies sicher auf die Beziehungen innerhalb eines Lehrerkollegiums übertragen werden.

Lehrer sind heute zunehmend bereit, sowohl während ihres Studiums als auch in Fortbildungsseminaren oder aus privater Initiative an Selbsterfahrungsgruppen und gruppendynamischen Seminaren teilzunehmen. Die Effizienz solcher Veranstaltungen zeigt sich aber erst, wenn die Teilnehmer fähig und bereit sind, die dort gemachten Erfahrungen und Einsichten auf andere Situationen, das heißt auch auf ihren Schulalltag, zu übertragen.

Diese Hinweise sollen als Aufforderung verstanden werden für Lehrer, die mit den gegenwärtig in Schulen vorherrschenden Kommunikationsformen unzufrieden sind, selbst offener ihre Probleme darzustellen, mit dafür aufgeschlossenen Kollegen neue Gesprächsformen zu erproben und bisher tabuisierte Gesprächsinhalte anzuschneiden. Von einer Gruppe aus ließe sich – leichter als vom einzelnen Lehrer – eine stärker problembezogene Kommunikation auch auf ein Lehrerkollegium übertragen. Mir ist ein – allerdings nur acht Miglieder umfassendes – Lehrerkollegium bekannt, das aufgrund der besonderen Problemlage an einer Sonderschule für verhaltensgestörte Kinder mehrmals zusammen mit einem Psychologen Selbsterfahrungsseminare organisierte, um eigene Probleme, die Beziehung zwischen den Lehrern und die Arbeit mit den Schülern besser bewältigen zu können. Dies ist sicher ein Ausnahmebeispiel, doch zeigt es, daß durch Eigeninitiative von Lehrern neue Formen der Zusammenarbeit unter den Kollegen möglich werden.

6.2 Teamarbeit im Unterricht

Die gemeinsame Unterrichtsvorbereitung und -durchführung durch eine Gruppe von Lehrern – mit dem Begriff Team-Teaching bezeichnet – wird oft lediglich unterrichtstechnologisch betrachtet, so wenn Team-Teaching definiert wird als „eine Organisations- und Führungsform des Unterrichts, bei der eine oft größere Schülerzahl durch eine Gruppe von Lehrern geführt wird... Das Lehrerteam bearbeitet in arbeitsteiliger Weise ein Unterrichtsvorhaben gemeinsam vor, führt es gemeinsam durch und bewertet es gemeinsam."[129] Daß diese Organisationsform aber bedeutende Vorteile für den einzelnen Lehrer bringt und daß sie eine befriedigende Kooperation zwischen Lehrern ermöglicht, wird eher in einer Definition von Wellendorf sichtbar: „für das Team-Teaching ist die gemeinsame Verantwortung mehrerer Lehrer für eine Schülergruppe ein entscheidendes Kriterium.

Die Team-Mitglieder legen gemeinsam ... die Unterrichtsziele und die Gruppierung der Schüler fest; sie planen gemeinsam den Unterricht für eine einzige Schülergruppe und handeln ihr gegenüber gemeinsam, wobei sie die verschiedenen Unterrichtsaufgaben unter sich nach Neigung und Fähigkeit aufteilen; sie beobachten sich beim Unterricht gegenseitig und diskutieren auf der Basis der gemeinsamen Beobachtung über ihren Unterricht und Lehrerfolg; sie tauschen Informationen über die Schüler aus, für die sie gemeinsam verantwortlich sind."[130]

Bei dieser Definition wird deutlich, daß Team-Teaching für den Lehrer die Möglichkeit enthält, seine Fähigkeiten in die Teamarbeit einzubringen, wobei es nicht nur um fachwissenschaftliche Qualifikationen geht – die Arbeit kann auch nach psychologischen, sozialen, dramaturgischen, organisatorischen u.a. Fähigkeiten der Lehrer verteilt werden. Der Lehrer steht in ständigem Kontakt zu seinen Kollegen, er erfährt Rückmeldung für sein Verhalten und kann einen fächerübergreifenden Unterricht praktizieren. Sicher wirkt diese Unterrichtsform der Isolierung des einzelnen Lehrers entgegen, doch ist sie in unserem normalen Schulsystem nicht praktizierbar – Ausnahmen mögen vielleicht Gesamtschulen oder einzelne Schulversuche darstellen.

Trotzdem sind Einzelaspekte dieser Unterrichtsform auf die Normalschule übertragbar, und sie können sowohl dem einzelnen Lehrer seine Arbeit erleichtern als auch effektivere Formen des Unterrichts ermöglichen. So können Lehrer ihren Unterricht gemeinsam planen; ein arbeitsteiliges Vorgehen bei der Vorbereitung einzelner Stunden – bei gemeinsamer Vorbesprechung und anschließender Diskussion – ermöglicht Lehrern, die das gleiche Fach in Parallelklassen unterrichten, eine intensivere Unterrichtsvorbereitung ohne größeren Zeitaufwand. Ebenso kann bei der Erstellung und Beschaffung von Unterrichtsmaterial verfahren werden. Gespräche über den Ablauf der Unterrichtsstunden, wenn gegenseitige Unterrichtsbesuche nicht möglich sind, erlauben eine intensivere und objektivere Reflexion als Grundlage für weitere Planungen.

Eine gemeinsame Planung mit Kollegen, die andere Fächer in der gleichen Klasse unterrichten, mit dem Ziel, gleiche Themen unter verschiedenen Aspekten zu behandeln, bedeutet zwar ein Mehr an Zeitaufwand, macht aber einen für die Schüler interessanten Unterricht möglich, was sich in einer Abnahme von Disziplinproblemen niederschlagen dürfte. Projekte könnten fächerübergreifend geplant und durchgeführt werden. Bei der Durchführung von Schulfesten und Theateraufführungen findet eine solche Kooperation zwischen Lehrern verschiedener Fächer schon immer statt, sie ließe sich auch auf „normale" Unterrichtsvorhaben übertragen.

Diese Formen der Teamarbeit geben dem einzelnen Lehrer die Möglichkeit, sich fachlich, didaktisch und methodisch mit kompetenten Gesprächspartnern auseinanderzusetzen; sie können ihn aufgrund von Arbeitsteilung von manchen Arbeiten entlasten und ihn dadurch frei machen für einen intensiveren Einsatz seiner Kräfte in Gebieten, die seinen Interessen mehr entsprechen. Diese Formen von Teamarbeit werden durch das Schulsystem sicher nicht gefördert, trotzdem erscheinen sie zumindest in Ansätzen durch Eigeninitiativen von Lehrern möglich.

6.3 Gemeinsame Beratung schulischer Probleme

Es wurde an anderer Stelle bereits ausgeführt, daß Verhaltensstörungen von Kindern und Disziplinschwierigkeiten in der Schule zentrale Probleme sind, die den Lehrer bei der Bewältigung seiner Arbeit stark belasten können. Vor allem im Zusammenhang mit dem Problem der Isolierung des Lehrers während seiner Arbeit ist zu erwarten, „daß auffällige Schüler, die durch ihr Verhalten die routinisierten Umgangsformen zwischen Lehrer und Schüler in Frage stellen, ganz besonders das Selbstverständnis und Verhalten des Lehrers beeinflussen. Gelingt es nicht, derartige Konflikte ausreichend zu lösen ... so kann es zu einer beträchtlichen Desensibilisierung der Wahrnehmung und Interpretationsfähigkeit für Schülerverhalten beim Lehrer kommen, seine situationsadäquate Handlungsfähigkeit reduziert und damit seine berufliche Kompetenz eingeschränkt werden."[131]

Es ist also erforderlich, dem Lehrer zur Bewältigung der alltäglichen Interaktionsprobleme vor allem mit seinen Schülern Hilfen anzubieten, damit er psychisch gesund bleibt. Eine theoretische Vorbereitung auf diesem Gebiet während des Lehrerstudiums reicht als Hilfe nicht aus, da sie die täglichen Probleme nicht vorwegnehmen kann. In der Schule aber stehen dem Lehrer bisher kaum Hilfen zur Verfügung. Die Zahl der Schulpsychologen und Beratungslehrer ist gering; außerdem wird ihre Aufgabe meist mehr in der unmittelbaren Arbeit mit Problemkindern als in einer Beratung der Lehrer gesehen. Gespräche unter Kollegen sind – wie bereits dargestellt – wegen der unausgesprochenen Erfolgsideologie der Schule, die besagt, daß ein guter Lehrer keine Probleme habe, meist keine Hilfe für den Lehrer; sie dienen allenfalls einem gemeinsamen „Dampfablassen" über Schüler, mit denen kein Lehrer zurechtkommt.

Es gibt inzwischen Konzepte, in denen Hilfen für den Lehrer bei seinen täglichen Problemen im Unterricht entwickelt und erprobt wurden. Sie machen zwar einen gewissen personellen und finanziellen Aufwand erforderlich, trotzdem sollen sie hier kurz dargestellt werden, da sie Möglichkeiten enthalten, die auch ohne Institutionalisierung durch die Eigeninitiative einzelner Lehrer oder Schulen genutzt werden können.

Eine dieser Möglichkeiten ist die in der Sozialpädagogik erprobte Form der *Praxisberatung* oder *Supervision*[132]. Nach diesem Konzept kann sich der Lehrer regelmäßig und bei besonderen Problemen an einen Praxisberater wenden, der ihn als erfahrener und zusätzlich ausgebildeter Kollege berät. Dabei gehört der Berater der gleichen Institution an wie die zu Beratenden, manchmal werden ihm auch Weisungsbefugnisse zugestanden. In unserem Schulsystem ist diese Funktion des Praxisberaters faktisch dem Schulrat, Fachleiter und dem Schulleiter übertragen. Sie sollen den Lehrer bei Problemen beraten, allerdings verhindert die gleichzeitig ausgeübte Funktion des Beurteilens eine wirkungsvolle Beratung. Es wäre denkbar, daß Beratungslehrer die Rolle von Praxisberatern in unseren Schulen übernehmen könnten, wobei sie keine Weisungsbefugnisse erhalten sollten, um der Beratungssituation unzuträgliche Abhängigkeitsverhältnisse zu vermeiden. Der Beratungslehrer ist in dieser Funktion sicher besser einzusetzen als bei der Betreuung schwieriger Schüler (vgl. Kapitel 4.4.1). Dort, wo in einzelnen Schulen oder Schulamtsbereichen bereits Beratungslehrer arbeiten, sollten Lehrer deren Erfahrung und Kompetenz im eben beschriebenen Sinn nutzen und auf die Durchführung von Beratungsgesprächen – einzeln oder in Gruppen – dringen.

Eine andere Form institutionalisierter Hilfen für die Probleme von Lehrern ist die der *Konsultation*. Der Berater (Konsultant) ist dabei nicht Lehrer, sondern Experte in einem Bereich, der für den Lehrer zwar wichtig ist, aber nur einzelne Aspekte seiner Arbeit betrifft. Für den Umgang des Lehrers mit schwierigen Kindern in der Schule kommen dabei vor allem Psychologen, vielleicht auch Sozial- und Sonderpädagogen in Betracht. Der Berater hat dabei nicht die Funktion, in den Unterricht des Lehrers einzugreifen; für diesen behält der Lehrer voll die eigene Verantwortung und bleibt so vom Berater unabhängig. Durch die Freiwilligkeit der Beratung und die Unabhängigkeit vom Berater fällt es dem Lehrer leichter, die Kompetenz des Beraters anzuerkennen und offener für eine Analyse, Reflexion und Veränderung des eigenen Verhaltens in bestimmten schwierigen Situationen zu werden. Die Ziele dieses Typs von Beratung faßte Berlin zusammen als „a) vermitteln von Informationen, b) dem Lehrer Interpretationshilfen zu geben für die Ereignisse in der Klasse, c) verdeutlichen der integrativen Funktion, die das Lernen im Leben eines Kindes und bei der Lösung seiner Schwierigkeiten übernehmen kann, d) eine Hilfe für den Erzieher, seine eigene psychische Gesundheit zu erhalten angesichts der drückenden psychischen Probleme seiner Schüler und deren Eltern und als e) eine Hilfe für den Lehrer, seine eigene Verzweiflung, Ärger, Angst und Schuldgefühle zu erkennen, die aus der Unfähigkeit, alle Kinder gleichermaßen zu lieben und zu fördern, herrührt“[133].

Formen der Konsultation wurden von G. Caplan[134] und von M. Balint[135] entwickelt. Während Caplan vor allem die Bedeutung von Einzelkonsultationen betonte, arbeitete Balint ausschließlich mit Gruppen. Wegen der größeren Möglichkeiten, eine Arbeit mit Lehrergruppen in der Schule zu verwirklichen (Einzelberatung wäre finanziell sehr aufwendig), sei hier nur das Vorgehen von Balint-Gruppen kurz dargestellt[136].

Balint entwickelte sein Beratungsmodell zunächst für Ärztegruppen; es wurde aber inzwischen auch auf die Arbeit mit Angehörigen anderer sozialer Berufe – so auch auf Lehrergruppen – übertragen und erprobt[137]. Die Fallbesprechungen werden nach diesem Verfahren in Gruppen mit höchstens zwölf Teilnehmern durchgeführt; die Teilnehmer treffen sich regelmäßig – möglichst jede Woche – über einen längeren Zeitraum hinweg unter der Leitung eines gruppendynamisch erfahrenen Psychoanalytikers. Ein Lehrer stellt am Anfang einer Sitzung einen „Fall“ dar, das heißt, er beschreibt eine konflikthafte Beziehung mit seiner Klasse oder mit einem Schüler, an der er selbst beteiligt ist. Anschließend sollen sich die anderen Lehrer frei dazu äußern. Dabei werden Vorschläge für die Lösung des Konflikts vorgebracht, die allerdings nicht vorschnell in oberflächlicher Übereinstimmung der Teilnehmer und in einem „Rat“ für den berichtenden Lehrer enden dürfen. Aufgabe des Gruppenleiters ist es, die Teilnehmer zu einer kritischen Beurteilung der Lösungsvorschläge zu ermuntern und sie zu veranlassen, weitere Lösungsvorschläge zu suchen. Das Konzept geht davon aus, daß es nicht *die* Lösung für zwischenmenschliche Beziehungen gibt, sondern daß verschiedene Lösungen möglich sind, deren für sein Problem beste nur vom betroffenen Lehrer selbst gefunden werden kann. Die Gruppe hilft dem einzelnen dabei, ihm ausweglos erscheinende Beziehungen distanzierter, aus der Sicht anderer nicht so stark vom Problem betroffener Gruppenmitglieder, zu betrachten, das eigene Verhalten in schwierigen Situationen zu reflektieren und sich der eigenen unbewußten Motive bewußt zu werden.

Damit erfüllt die Balint-Gruppenarbeit die Forderungen einer echten Beratungssituation, in der dem Ratsuchenden nicht eine Lösung vorgeschlagen oder gar vorgeschrieben wird, sondern in der ihm Hilfen angeboten werden, zu einer eigenen Entscheidung zu gelangen, mit der er sich auch identifizieren kann. Der Ratsuchende wird sensibilisiert für eine differenziertere Sicht „seines“ Problems, aber – und darin besteht der Vorteil der Gruppenarbeit – auch die übrigen Teilnehmer werden sensibler für die Vielschichtigkeit von Problemen in zwischenmenschlichen Beziehungen, da sie sich mit ihren Lösungsvorschlägen und Diskussionsbeiträgen ebenso der Gruppe zeigen und der Kritik stellen wie der Ratsuchende. Auch wenn deshalb die Teilnehmer an Balint-Gruppen nur relativ selten Gelegenheit haben, eigene Probleme vorzustellen, kann das Ziel der Sensibilisierung von Lehrern für Probleme und mögliche Lösungen von allen Teilnehmern erreicht werden.

Die positiven Auswirkungen solcher Fallkonferenzen für die Arbeit des Lehrers dürften ersichtlich sein, doch stehen ihrer Realisierung vor allem drei Hindernisse im Wege. Einmal müßten

Lehrer ihre Ängste überwinden, schulische Probleme offen einzugestehen und sich der Kritik, der Analyse und dem Rat von Kollegen zu stellen; zweitens müßte die Schule finanzielle Mittel für das Honorar des Gruppenleiters aufbringen, die allerdings im Verhältnis zum Gesamtetat einer Schule nicht erheblich wären; drittens müßten Lehrer – solange keine Deputatsermäßigung für die Teilnahme an einer solchen Gruppenarbeit zu erreichen ist – zusätzlich Zeit von zwei Stunden wöchentlich aufbringen. Diese Hindernisse sind jedoch auch unter den gegenwärtigen schulischen Bedingungen nicht unüberbrückbar. Wenn Lehrer unter unbefriedigenden Beziehungen zu ihren Schülern leiden, wenn ihre eigenen Bemühungen um eine Lösung von Konflikten scheitern, sie aber trotzdem nicht resignieren wollen, sind sie vielleicht bereit, Initiativen für die Einrichtung von Fallkonferenzen zu ergreifen und für eine Teilnahme zusätzliche Zeit aufzubringen, die durch eine befriedigendere unterrichtliche Arbeit wieder aufgewogen werden könnte. Allein durch die Bereitschaft zur Teilnahme an Fallkonferenzen ist ein erster Schritt getan zum Abbau von Hemmungen, eigene Probleme vor Kollegen zu äußern. Durch eine entsprechende Atmosphäre in der Gruppe und durch die Bereitschaft einzelner Gruppenteilnehmer, ihre Probleme zur Diskussion zu stellen, können die Hemmungen der anderen Gruppenmitglieder mehr und mehr abgebaut werden, und es kann eine zunehmende Offenheit erreicht werden. Die finanzielle Seite des Problems bereitet vielleicht die meisten Schwierigkeiten; hier bedarf es der Einwirkung von Lehrergruppen, die an einer Verbesserung ihrer Beziehungen untereinander und zu den Schülern interessiert sind, auf die Schulleitung und Schulbehörde, die relativ geringen Honorarkosten für einen Gruppenleiter in den Etat der Schule miteinzuplanen. Als Kompromiß böte sich vielleicht die Einrichtung zweiwöchentlich statt wöchentlich stattfindender Sitzungen an, die zwar nicht optimal sind, aber doch schon eine entscheidende Verbesserung gegenüber dem gegenwärtigen Zustand darstellen, in dem der Lehrer gar keine Hilfen bei Beziehungsproblemen mit seinen Schülern erhält. Eine vorläufige Lösung könnte auch in der Gewinnung des Schulpsychologen – falls eine solche Stelle vorhanden ist – für gemeinsame Fallkonferenzen bestehen; allerdings ist ein unabhängiger Experte vorzuziehen, um ein Abhängigkeitsverhältnis zu vermeiden. Auch Fallkonferenzen ohne fachmännische Leitung wären bereits ein Fortschritt, sie enthalten allerdings die Gefahr, daß unbewußte Konkurrenzgefühle, gegenseitige Ressentiments und andere Probleme zwischen den Lehrern unausgesprochen bleiben und indirekt die gemeinsame Arbeit belasten. Eigeninitiativen von Lehrern scheinen auf jeden Fall möglich und wünschenswert, um die Arbeitsbedingungen zu verbessern und eine höhere psychische Stabilität von Lehrern zu gewährleisten.

6.4 Einige besondere Probleme des Junglehrers im Kollegium

Es wurde schon mehrfach auf die Rollenprobleme hingewiesen, die sich für den Junglehrer vor der Zweiten Dienstprüfung aus seiner besonderen Situation heraus ergeben. Hier soll seine Stellung im Kollegium etwas genauer betrachtet werden.

Die Lage des Junglehrers ist heute mehr denn je von Unsicherheit und Angst bestimmt. Die Zweite Dienstprüfung – zuzeiten des auch offiziell anerkannten Lehrermangels zwar eine Belastung, aber doch eine relativ sicher zu bewältigende Aufgabe – steht als permanente Bedrohung vor ihm. Tatsachen oder Gerüchte über hohe Durchfallquoten und den notwendigen Zensurendurchschnitt in der Prüfung, um endgültig in den Schuldienst übernommen zu werden, die Angst vor dem Schulratsbesuch, die aus dem Erlebnis persönlicher Abhängigkeit und dem Wissen um seine Bedeutung für die berufliche Zukunft resultiert, aber auch die als Praxisschock bezeichneten Anfangsschwierigkeiten im Umgang mit den Schülern verunsichern den Junglehrer und führen – wie Holling und Bammé nachweisen – zu einem raschen Anpassungsprozeß an überkommene schulische Normen und Verhaltensweisen[138]. Dieser Anpassungsprozeß, den ältere Kollegen vielleicht schon internalisiert haben, bereitet dem jungen Lehrer aber häufig große persönliche Schwierigkeiten, da er den Schuldienst mit anderen Ansprüchen an sich selbst und an seine Arbeit angetreten hat, als er jetzt verwirklichen kann. Das Auseinanderklaffen von Theorie und Praxis personalisiert sich im jungen Lehrer, der seine Vorstellungen von einem schülergerechteren emanzipatorischen Unterricht, die er vielfach während der Lehrerausbildung entwikkelte, nicht in diePraxis umsetzen kann, da er sich dafür zu schlecht vorbereitet fühlt, oder nicht umsetzen darf, da er Sanktionen seiner Vorgesetzten befürchtet.

In dieser Situation erhofft sich der Junglehrer vielfach Hilfen von anderen Junglehrern und von älteren Kollegen. Seine Bereitschaft zum offenen Gespräch über eigene Probleme und zur gegenseitigen Hilfestellung ist als Gegengewicht gegen den beschriebenen Anpassungsprozeß zu sehen. Die erwarteten Hilfen aber können nur zum Teil geleistet werden. Junglehrer mögen sich gegenseitig Verständnis entgegenbringen können und damit ihre Situation erleichtern; da aber jeder auf sich gestellt bleibt im eigenen Unterricht und in der Konfrontation mit der Schulaufsicht und der zu erwartenden Zweiten Prüfung, kann echte Solidarität nur schwer aufkommen.

Ältere Kollegen bringen dem Junglehrer zunächst ein gewisses Wohlwollen und Verständnis entgegen. Sie sehen über Anpassungsschwierigkeiten des jungen Kollegen hinweg, legen sie noch nicht als persönliches Versagen oder Unfähigkeit aus. Sie geben dem jungen Lehrer Ratschläge, wie er sich dieser oder jener Klasse oder bestimmten Schülern gegenüber am besten zu verhalten habe. Damit aber tragen sie oft zu einer größeren Verunsicherung des Junglehrers bei, indem sie ihm demonstrieren, daß alle theoretischen Erkenntnisse in der Praxis nichts wert seien. Sie tragen damit zu einer noch rascheren – aber nicht wünschenswerten – Anpassung des Junglehrers an die schulische Realität bei. Befolgt dieser aber die Ratschläge seiner Kollegen nicht, versucht er einen eigenen Stil im Umgang mit seinen Schülern zu finden, so wird ihm rasch das anfängliche Wohlwollen entzogen, er wird als uneinsichtig angesehen, als einer, der sich seine Schwierigkeiten selbst zuzuschreiben habe, weil er für den Rat erfahrener Kollegen nicht zugänglich sei. Die Chance einer angemessenen Theorie-Praxis-Diskussion, die besonders für schon länger im Schuldienst stehende Lehrer im Gespräch mit Junglehrern bestehen würde, wird auf diese Weise nicht genutzt. Schuld daran sind einmal ältere Kollegen, wenn sie ihre praktischen Erfahrungen verabsolutieren und für Verhaltensänderungen nicht mehr aufgeschlossen sind, andererseits oft aber auch die Junglehrer, die manchmal naiv und ungestüm ihre Ideen vortragen, die Arbeit der älteren Kollegen rundweg ablehnen, ohne Konzepte für eine Übertragbarkeit ihrer Ideen in die Praxis zu haben.

Den älteren Kollegen muß deshalb nahegelegt werden, sich in die Lage des Junglehrers hineinzuversetzen, ihre Anfängerprobleme nicht zu bagatellisieren, sondern sie als Existenzprobleme zu begreifen (die sie heute zweifellos sind) und die Chance des Gesprächs mit Junglehrern zu nutzen, um selbst nicht die Verbindung mit der pädagogischen Theorie zu verlieren und die eigene Praxis für das allein Mögliche in der Pädagogik zu halten. Den Junglehrern aber sei empfohlen, trotz des Zwangs zur Anpassung die guten eigenen Vorstellungen, wie sie Unterricht gestalten, wie sie mit Schülern interagieren, wie sie die Schule verändern wollen, beizubehalten und weiterzuentwickeln, auch wenn die schulische Realität dies zunächst als utopisch erscheinen läßt. Hilfen dafür liegen in Kommunikation, Kooperation und Solidarität mit anderen Junglehrern, aber auch mit älteren Kollegen. Wenn man den Schulalltag verändern will, so empfiehlt es sich, zunächst Gruppen im Lehrerkollegium zu suchen oder zu bilden, die die eigenen Intentionen teilen, und nicht im Alleingang Lehrerkonferenzen zu überzeugen versuchen. Der Junglehrer muß sich seiner schwachen, angreifbaren Stellung in der Schulhierarchie wie auch im Kollegium bewußt sein. Herbert R. Kohl gibt dafür einige sehr einleuchtende und pragmatische Hinweise: „Solange die personellen Verhältnisse und das Schulsystem so bleiben, wie sie gegenwärtig sind, läßt sich dagegen kaum etwas tun. Das ganze System zu verändern ist gewiß ein Fernziel, wenn man innerhalb öffentlicher Schulen freien Unterricht entwickelt. Aber zunächst geht es nicht um den Sieg über das System, sondern um Selbstbehauptung im System. Es gibt vielerlei, was man unter Umständen um dieses Nahzieles willen tun muß, zum Beispiel: zwei Unterrichtspläne bereithalten, einen, der sich an den Lehrplan hält, für die Vorgesetzten, und für sich selbst einen, der auf die Wirklichkeit des Unterrichts zugeschnitten ist; für den Fall eines Unterrichtsbesuchs Entwürfe für Unterrichtsstunden im autoritären Stil vorbereiten; in Lehrerkonferenzen höflich sein und sowenig wie möglich sagen; sich den Anschein geben, als befolge man die Weisungen der Vorgesetzten.“ [139] Diese Hinweise mögen überspitzt sein und vielen Schulleitern, Fachleitern und Schulräten nicht gerecht werden, doch können sie insgesamt trotzdem als wichtig für eine „Überlebenstechnik“ von Junglehrern in der Schule angesehen werden. Mit „Überlebenstechnik“ ist dabei gemeint, daß der Lehrer trotz äußerer Hindernisse eine für seine Schüler und für sich selbst befriedigende Arbeit leisten kann, vor allem, wenn er einmal die Zweite Dienstprüfung überstanden hat und direkten Kontrollen durch die Schulverwaltung weniger ausgesetzt ist.

7. Der Lehrer in der schulischen Hierarchie – pädagogische Freiheit oder Abhängigkeit

Daß die Schule hierarchisch aufgebaut ist und daß der Lehrer am unteren Ende dieser Hierarchie steht, wurde an anderer Stelle bereits ausgeführt (vgl. Kapitel 2.3). Mit dieser Stellung des Lehrers ist seine Abhängigkeit von Weisungen und Erlassen verbunden. Damit werden die Möglichkeiten des Lehrers, schülerangemessen und situationsadäquat zu handeln, stark eingeschränkt. Ebenso ist ein Mitspracherecht des Lehrers in pädagogisch wichtigen Fragen nicht gegeben; Anregungen von den in der Praxis stehenden Lehrern werden auf höherer Ebene kaum aufgegriffen.

Andererseits aber scheint der Lehrer im Gegensatz zu anderen Beamten doch relativ große Freiräume im Unterricht zu haben. Seine Arbeit wird nach der Zweiten Dienstprüfung kaum mehr kontrolliert, zumindest bei der Arbeit in seiner Klasse scheint der Lehrer weitgehend autonom zu sein. Im folgenden soll das Verhältnis zwischen pädagogischer Freiheit und Unfreiheit in der Arbeit des Lehrers aufgegriffen und es sollen Möglichkeiten aufgezeigt werden, wie Lehrer die ihnen zur Verfügung stehenden Freiräume nutzen könnten. Daß die Freiheiten des Junglehrers besonders eng begrenzt sind, wurde im letzten Kapitel bereits dargestellt, deshalb soll hier nicht mehr näher darauf eingegangen werden. Am Schluß des Kapitels werden einige Forderungen aufzustellen sein, ohne deren Erfüllung eine selbstverantwortliche Arbeit des Lehrers kaum möglich ist, denn „der personalisierenden Auffassung, daß es nur auf den Lehrer ankomme, wäre entgegenzusetzen, daß zugleich strukturelle Änderungen notwendig sind, die notwendige Bewußtseinsprozesse erst in Gang setzen und ermöglichen.“[140]

7.1 Die „pädagogische Freiheit“ des Lehrers als Grundlage einer selbstverantwortlichen Tätigkeit

Um befriedigende, nicht entfremdete Arbeit zu leisten, muß der Lehrer sich mit seiner Tätigkeit identifizieren können. Nur wenn ein Lehrer über Inhalte und Methoden seines Unterrichts, aber auch zusammen mit seinen Kollegen über die gesamte pädagogische Arbeit einer Schule weitgehend frei entscheiden kann, darf ihm die Verantwortung dafür gegenüber Schülern, Eltern und der Öffentlichkeit zugemutet werden. In der Öffentlichkeit, aber auch in Interpretationen des Schulrechts durch Fachleute ist die Meinung verbreitet, der Lehrer habe diese Freiheit der Entscheidung. So betonen Heckel und Seipp, der Lehrer könne innerhalb eines weitgesteckten Rahmens schulrechtlicher Vorschriften in einem Maße frei handeln wie kaum ein anderer Beamter[141]. Amtliche Bildungs- und Stoffpläne geben ausdrücklich nur einen Rahmen vor, innerhalb dessen der Lehrer angeblich frei wählen und entscheiden kann. Über Unterrichtsmethoden werden dem Lehrer gar keine Vorschriften gemacht; auch in der Notengebung ist der Lehrer autonom. Darin liegen tatsächlich Freiräume für den Lehrer, die er nutzen sollte.

Trotzdem ist die Freiheit des Lehrers stark eingeschränkt. So kann er nur von der Kultusbehörde zugelassene und von der Schule eingeführte Schulbücher und Lehrmittel verwenden, er muß sein methodisches Vorgehen den pädagogisch oft nicht sehr sinnvollen Stundenplänen anpassen, muß seinen Unterricht stofflich an Prüfungs- und Versetzungsordnungen ausrichten, er muß Schwierigkeiten mit Kollegen und Schulleiter befürchten, wenn er im Laufe des Schuljahres nicht bestimmte Unterrichtsinhalte behandelt. Die meisten Kollegen klagen über einen unerträglichen Stoffdruck, der ihnen nicht die Zeit lasse, die Inhalte und Methoden im Unterricht zu verwirklichen, die sie eigentlich intendierten. Dazu kommen Erlasse zur Aufsichtspflicht, Schulordnungen, Disziplinarordnungen, die dem Lehrer oft eine pädagogisch sinnvolle Arbeit erschweren und seine pädagogische Freiheit einschränken. Erlasse schreiben dem Lehrer zum Beispiel vor, in welchem Verhältnis er mündliche und schriftliche Leistungen eines Schülers bei der Notenfindung zu gewichten hat, wie viele Klassenarbeiten er schreiben muß u.a.

Besonders eindeutig zeigt sich die geringe pädagogische Freiheit des Lehrers in Konfliktfällen. Hier entscheiden grundsätzlich die vorgesetzten Stellen, wogegen der Lehrer kein Einspruchsrecht mehr hat. So wird zum Beispiel der Lehrer zwar nicht gezwungen, gegen seine Überzeugung eine Zeugnisnote zu ändern; doch kann die vorgesetzte Dienststelle die Note ändern; der Lehrer hat sich mit dieser Entscheidung abzufinden[142]. Wenn Vorwürfe von der Schulleitung, von Kollegen oder Eltern gegen einen Lehrer erhoben werden, so kann sich dieser nicht etwa auf seine pädagogische Freiheit berufen, sondern die vorgesetzte Dienststelle beurteilt und entscheidet, ob ein Lehrer seine „pädagogische Freiheit" „richtig" gebraucht oder mißbraucht hat. Nun ist es natürlich berechtigt, auch den Lehrer zu kontrollieren, pädagogische Freiheit nicht als Narrenfreiheit zu mißverstehen, doch stünde die Einschätzung der Arbeit eines Lehrers eher einer unabhängigen Schiedsstelle, die aus Vertretern der Lehrer bestehen sollte, zu als der vorgesetzten Behörde. Die gängige Praxis dagegen ist geeignet, beim Lehrer Angst zu erzeugen und die Tendenz zu begünstigen, möglichst nicht aufzufallen durch von der Norm abweichende Unterrichtsversuche, durch innovatives Verhalten oder durch Kritik an der Schule und Vorschläge zur Veränderung. Der Lehrer gibt also freiwillig die ihm offiziell zugestandenen Freiheiten auf, da er nicht sicher vor Sanktionen ist, wenn er die Freiheiten in Anspruch nimmt.

Viele Vorschriften – so betonen vor allem Holling und Bammé – sind darüber hinaus in sich widersprüchlich und bringen den Lehrer in die prekäre Lage, bei Einhaltung der einen Vorschrift gleichzeitig gegen eine andere zu verstoßen. Ein Beispiel soll das verdeutlichen: Eine Vorschrift besagt, daß der aufsichtführende Lehrer vor Schulbeginn bis 8.00 Uhr auf dem Schulhof sein müsse. Pünktlich um 8.00 Uhr muß er aber auch in seiner Klasse sein, die sich vielleicht im dritten Stock des Nebenflügels befindet. Der Lehrer ist gezwungen, eine dieser Vorschriften zu verletzen[143]. Dies wird ihm normalerweise nicht zum Vorwurf gemacht, fällt der Lehrer aber in anderen Zusammenhängen auf – zum Beispiel durch ein in der Schule nicht übliches partnerschaftliches Umgehen mit seinen Schülern – wird ihm vielleicht auch vorgeworfen, seiner Aufsichtspflicht nicht immer nachgekommen zu sein. Holling und Bammé folgern daraus: „Aufgrund dieser Situation verhält sich der einzelne Lehrer lieber übervorsichtig, als etwas zu riskieren. Das führt dazu, daß er in der Mehrzahl der Fälle nicht einmal seine Rechte bis an die Grenze des Möglichen ausschöpft und im übrigen an einem auch informell guten Verhältnis zu seinen Vorgesetzten interessiert ist. Er übt Wohlverhalten auf Kredit: falls ihm in Zukunft einmal ein Mißgeschick unterlaufen sollte, darf er vielleicht mit Nachsicht rechnen, und das Malheur läßt sich informell bereinigen. Leistungsfähigkeit, Initiative und Risikobereitschaft werden zugunsten besserer Angepaßtheit eingeschränkt."[144]

Daß auch Lehrerkonferenzen kaum mehr pädagogische Entscheidungsbefugnisse haben als die einzelnen Lehrer, geht aus der Lektüre von Schulgesetzen hervor. Zwar dürfen und sollen die Lehrerkonferenzen Entscheidungen treffen und Beschlüsse fassen, die für Schulleiter und Lehrer bindend sind, ist aber „der Schulleiter der Auffassung, daß ein Konferenzbeschluß gegen eine Rechtsvorschrift oder eine Verwaltungsanordnung verstößt oder daß er für die Ausführung des Beschlusses nicht die Verantwortung übernehmen kann, hält aber die Gesamtlehrerkonferenz in einer zweiten Sitzung den Beschluß aufrecht, so hat der Schulleiter die Entscheidung der Schulaufsichtsbehörde einzuholen. Bis zu dieser Entscheidung darf der Beschluß nicht ausgeführt werden."[145] Als entsprechend bedeutungslos schätzen Lehrer deshalb ihre Konferenzen ein – wie eine empirische Untersuchung zeigte. Die Mehrzahl der befragten Lehrer stimmte der Feststellung zu: „Die Konferenzen sind oft pädagogisch belanglos, da in ihnen zu viele überflüssige Verwaltungsangelegenheiten besprochen werden."[146]

Man kann festhalten: die Absicht, ein guter Lehrer sein zu wollen, wird durch die Vorschrift, ein guter Beamter sein zu müssen, häufig behindert. Dabei ist nicht etwa persönliche Böswilligkeit oder Sturheit von Vorgesetzten die Ursache für derartige pädagogische Probleme, sondern die Struktur der Schule. Schulleiter und Schulräte stehen in einer vielleicht noch stärkeren Spannung zwischen pädagogisch sinnvollem Handeln und für sie gültigen Verwaltungsvorschriften. Um die Situation zu verbessern, müssen daher strukturelle Veränderungen im Schulsystem durchgeführt werden, auf die noch eingegangen werden soll. Trotzdem soll zunächst versucht werden, einige Hinweise für die Nutzung gewisser pädagogischer Freiräume durch den Lehrer zu geben.

7.2 Einige Gedanken zur Nutzung pädagogischer Freiräume durch den Lehrer

Wie der Lehrer pädagogische Freiräume nutzen könnte, das heißt, mit welchen Maßnahmen, Einstellungen und Verhaltensweisen er seine Beziehung zu Schülern, Eltern und Kollegen verbessern könnte, wurde bereits ausgeführt. An dieser Stelle soll aufgezeigt werden, wie der Lehrer ein von traditionellen Lehrerklischees abweichendes Verhalten, wie er ungewohnte Unterrichtsmethoden oder die Behandlung unkonventioneller Unterrichtsinhalte gegen bürokratische Sanktionen – zumindest teilweise – absichern kann.

Mit einer Berufung auf seine pädagogischen Freiheiten oder mit dem Hinweis auf die in jedem Bildungsplan aufgeführten Erziehungsziele: Selbständigkeit, Mündigkeit, Kritikfähigkeit, demokratische Gesinnung, wird ihm das nicht gelingen, da diese Ziele einen weiten Interpretationsspielraum lassen. Wirksamer ist es, effektive Strategien zu entwickeln und sich rechtzeitig gegen mögliche Sanktionen abzusichern.

Eine wichtige Grundlage ist dabei, daß der Lehrer sich rechtzeitig mit bestehenden Schulgesetzen und Erlassen vertraut macht, daß er seine Rechte und Pflichten in der Schule genau kennt. „Die Reaktion von Pädagogen auf Rechtsfragen und -konflikte besteht häufig in völliger Hilflosigkeit bzw. starker Abneigung ...“[147] Trotz vorgeschriebenen Besuchs von Vorlesungen zum Schulrecht während der Lehrerausbildung und trotz der Einbeziehung dieses Faches in die Zweite Dienstprüfung sehen viele Lehrer das Schulrecht als lästige Randerscheinung ihrer pädagogischen Tätigkeit an. Bewirkt wird diese Haltung durch die Undurchschaubarkeit der Rechtswissenschaft für den Laien und durch die Art, in der das Schulrecht dem Lehrer vermittelt wird – meist als Katalog der von ihm einzuhaltenden Pflichten. Die Folge ist, daß „es die weitgehende Rechtsunkenntnis der Lehrer den juristisch geschulteren bzw. kompetenter auftretenden Vorgesetzten/Schulbürokratien erheblich erleichtert, ihren Herrschaftsanspruch im Schulwesen relativ unangefochten durchzusetzen. Auf diese Weise werden Konflikte und emanzipatorische Reformbemühungen häufig unter Berufung auf die – oft nur vermeintliche, oft verfassungswidrige – Rechtslage bzw. auf vorgeschobene schulrechtliche Argumente auf administrativem Weg abgeblockt.“[148] Eine genauere Rechtskenntnis würde es dem Lehrer erleichtern, sein eigenes Verhalten weniger angreifbar zu machen, indem er selbst bestimmte Rechtsvorschriften nicht aus Unkenntnis übertritt, indem er aber andererseits auch seine Rechte kennt, ausschöpft und mit seinen Vorgesetzten angemessen diskutieren kann. Auch die Auslegung von Verwaltungserlassen durch Lehrerkonferenzen könnte erleichtert werden.

Im Zusammenhang mit der besseren Rechtskenntnis steht, daß der Lehrer Vorschriften und Erlasse genau prüfen, auf ihre Logik beziehungsweise auf innere Widersprüche hin betrachten und gegebenenfalls auf einer Klärung bestehen sollte, wie im Beispiel der Undurchführbarkeit einer Aufsichtspflicht an zwei Orten gleichzeitig. Allerdings muß der Lehrer abwägen, inwiefern sein Dringen auf Klärung einer Situation neue – engere – Vorschriften, die vielleicht pädagogisch noch weniger wünschenswert sind, nach sich zieht. Wenn ein Lehrer zum Beispiel auf die Unmöglichkeit hinweist, der Aufsichtspflicht in einem unübersichtlichen Schulgelände nachzukommen, könnte er damit bewirken, daß die Schüler sich künftig nur in einem eng eingegrenzten Bereich des Schulgeländes aufhalten dürfen. Als aufsichtführender Lehrer müßte er Verstöße dagegen ahnden; er würde einen Konflikt gegen neue Schwierigkeiten eintauschen, und er würde den geringen Freiraum der Schüler noch mehr beschneiden. Das Dilemma des Lehrers ist nicht zu lösen; es zeigt einmal mehr, wie sehr pädagogische Intentionen durch Rechtsvorschriften behindert werden können und daß hier grundsätzliche Veränderungen nötig sind.

Eine Diskussion unter Kollegen mit dem Ziel, gemeinsame Einstellungen und Verhaltensweisen zu entwickeln, die dann auch solidarisch vertreten werden, kann eine Absicherung für den Lehrer bedeuten. Auf jeden Fall sollte ein Lehrer unnötige Konfrontationen mit dem Schulleiter und mit Kollegen vermeiden. Das soll keine Aufforderung zur kritiklosen Anpassung und zum Duckmäusertum sein, aber der Lehrer sollte sich überlegen, welche Auseinandersetzungen fruchtlos sind oder unwichtiger Dinge wegen geführt werden und welche Konflikte ausgetragen werden müssen, weil für den Lehrer wichtige Ziele davon berührt werden oder weil er sonst seine Selbstachtung verlieren würde[149].

Die Mitgliedschaft in einer Lehrergewerkschaft oder in einem Lehrerverband verschafft dem Lehrer einerseits Informationen über schulrechtliche Probleme, andererseits kann er in Konfliktfällen Rechtsberatung oder gar Rechtshilfe erwarten. Gerade wenn ein Lehrer Schwierigkeiten von seiten der Schulverwaltung befürchtet, sollte er sich rechtzeitig absichern. Dem dient neben einer Zusammenarbeit mit den Kollegen auch die Information der Eltern über seine Unterrichtsvorhaben und -methoden. Für außerunterrichtliche Aktionen mit seinen Schülern sollte der Lehrer das Einverständnis der Eltern einholen. In Konfliktfällen kann die Unterstützung durch die Eltern von großem Wert sein. Das zeigt das Beispiel eines Lehrers, der wegen „pädagogischer Unfähigkeit“ aus dem Schuldienst entlassen werden sollte. Eine Solidaritätsaktion von Schülern, Eltern und Kollegen verhinderte dies. Vor allem wenn die Eltern mit dem Unterrichtserfolg eines Lehrers einverstanden sind, kann amtlicherseits der Vorwurf pädagogischer Unfähigkeit kaum aufrechterhalten werden. Kohl empfiehlt dem Lehrer, der Schwierigkeiten mit vorgesetzten Behörden befürchtet, ein Tagebuch über seine Erfahrungen zu führen. „Es ist von unschätzbarem Wert für die kritische Betrachtung und Auswertung der eigenen Arbeit – und es ist in einer kritischen Situation die stärkste Waffe.“[150]

Die zuletzt gemachten Ausführungen könnten den Eindruck erwecken, als gebe es für den Lehrer im Verhältnis zu seinen Vorgesetzten nur Ärger und Schwierigkeiten. Das ist sicher nicht richtig. Viele Schulleiter und Schulräte ermuntern die Lehrer durchaus dazu, neue Unterrichtsformen und -inhalte zu versuchen; sie sind bereit, mit dem Lehrer sachliche Diskussionen zu führen, selbst aus den Erfahrungen der Lehrer zu lernen und Lehrer gegenüber Angriffen aus der Öffentlichkeit und von der Schulverwaltung in Schutz zu nehmen. Da aber die Struktur der Schule – durch ihren hierarchischen Aufbau und durch das Fehlen einer wirklichen pädagogischen Freiheit des Lehrers – die Möglichkeit von Konflikten zwischen ungleich Mächtigen (Lehrer und Vorgesetzte/Schulbürokratie) enthält, schien es notwendig, darauf hinzuweisen und auch Handlungsmöglichkeiten für den Lehrer in Konfliktfällen zu nennen. Erst ein Lehrer, der sich sicher, beziehungsweise weniger angreifbar durch Maßnahmen der Schulbürokratie fühlt, kann die ihm offiziell zugebilligten Freiräume für eine pädagogisch sinnvolle Arbeit mit seinen Schülern nutzen. Wenn ein Lehrer seine Intentionen, mit denen er meist seine schulische Arbeit beginnt – nämlich einen stärker schülerorientierten Erziehungs- und Unterrichtsstil zu praktizieren, die Unterrichtsinhalte mehr an den Bedürfnissen der Schüler auszurichten – wenn er diese Intentionen über die Zweite Ausbildungsphase hinweg beibehält, dann hat er nach der Zweiten Dienstprüfung doch gute Möglichkeiten, sie auch in seinen Klassen zu realisieren, da er dann während seines Unterrichts kaum noch direkte Kontrollen durch die Schulverwaltung zu befürchten hat. Trotzdem sollte sich der Lehrer – vor allem über Gewerkschaften, Verbände und Parteien – auch für eine Strukturveränderung der Schule einsetzen.

7.3 Selbst- und Mitverantwortung der Lehrer als Grundlage einer demokratischen Schule

Es wurde schon an anderer Stelle betont, daß ein Lehrer nur dann verantwortungsbewußte pädagogische Arbeit leisten kann, wenn er über Ziele, Inhalte, Methoden und Arbeitsbedingungen selbständig entscheiden beziehungsweise auf allen Ebenen der Schulverwaltung aufgrund von kollegialen Entscheidungsbildungsprozessen mitbestimmen kann. „Die Demokratisierung der Schule ist … vergeblich … wenn den Lehrern gegenüber der Schulaufsichtsbehörde die gleiche Freiheit versagt wird, in welche die heranwachsende Generation eingeübt werden soll. Es ist verständlich, daß ein Lehrer nur dann zu Freiheit und Selbstverantwortung erziehen kann, wenn ihm diese zur Verfügung gestellt werden und er sie dann zusammen mit den Schülern verwirklichen kann. Deshalb muß sich das Verhältnis zwischen Schulaufsicht und Schule ändern … Die Lehrer können Anordnungen der Schulverwaltung nur dann mit Überzeugung verwirklichen, wenn zuvor auf dem Wege einer sachgerechten Mitsprache die Vorstellungen, die Bedenken und die aus der Unterrichtspraxis erwachsenen Anregungen vorgetragen und mitbedacht werden.“ [151]

Diese Erklärung eines Vertreters des Deutschen Philologenverbandes macht deutlich, wie eng die Verwirklichung schulischer Ziele – die Erziehung der Schüler zu mündigen demokratischen Staatsbürgern – mit einer Demokratisierung des Schulsystems als ganzes zusammenhängt. Wenn dagegen Politiker in einem partnerschaftlichen und vertrauensvollen Verhältnis zwischen Lehrern und Schülern die entscheidende Grundlage für die Entwicklung der Kinder und Jugendlichen sehen, gleichzeitig aber den Lehrern fast jede Mitwirkung an der Gestaltung des Schulwesens verwehren, so verkennen sie den engen Zusammenhang zwischen schulpolitischen und pädagogischen Entscheidungen. So führt der baden-württembergische Kultusminister Wilhelm Hahn aus: „Was die Mitentscheidung und Mitwirkung im Bereich des Schulwesens betrifft, ist klar, daß der Spielraum hierfür durch die staatliche Gesetzgebung und Organisationsgewalt wie durch den Gesichtspunkt der Einheitlichkeit des Schulwesens … sehr eingeengt ist.“ [152] Natürlich sollte die Einheitlichkeit des Schulwesens durch Rahmengesetze gewährleistet sein, daran ist auch den Lehrern gelegen, doch können Gesetze und Organisationsformen geändert werden, wenn diese Änderungen die pädagogische Arbeit der Lehrer verbessern können und somit den Schülern nützen. Im Sinne einer effektiveren Arbeit in den Schulen müssen deshalb einige Forderungen erhoben werden, für deren Durchsetzung sich Lehrer engagieren müßten [153].

1. Die sogenannte pädagogische Freiheit des Lehrers muß gesetzlich abgesichert werden als Freiheit des Unterrichts und der Erziehung. Innerhalb der für die Schulorganisation erlassenen Gesetze müßte – ähnlich wie beim Hochschullehrer durch die garantierte Freiheit von Lehre und Forschung – die eigentliche

Berufsausübung des Lehrers gegen Eingriffe der Schulverwaltung abgesichert werden. Erst dadurch würde der Lehrer wirklich frei in der Wahl von Unterrichtsinhalten und -methoden. Natürlich müßte er diese – wie der Hochschullehrer auch – sowohl an Prüfungsordnungen und an Rahmenplänen orientieren als auch sie gegenüber Lehrerkonferenzen, Schülern und Eltern begründen und verantworten. Die Freiheit des Unterrichts und der Erziehung ist nicht als pädagogische „Narrenfreiheit" zu verstehen, sondern als Freiheit zur eigenen Entscheidung, die der Lehrer sich selbst und anderen gegenüber vertreten können muß. Dadurch wird die Arbeit des Lehrers nicht unbedingt leichter, denn er kann sich nicht mehr hinter Vorschriften und Erlassen verstecken; die Arbeit wird aber weniger entfremdet, dadurch effektiver und für ihn selbst befriedigend.

2. Rahmenbedingungen für die Schulorganisation und die in der Schule zu vermittelnden Inhalte werden gesetzlich festgelegt. Gewählte Vertreter der Lehrerschaft müßten vor einer parlamentarischen Behandlung der Gesetzentwürfe beratend mitwirken und als Sachverständige gehört werden. Versetzungsordnungen, Prüfungsordnungen, Bestimmungen über schulische Übergänge und ähnliches sollten zwar einheitlich für alle Schulen vom Kultusministerium festgelegt werden, doch müßte auch hier eine intensive Beratung mit den Vertretern der Lehrerschaft und deren Mitentscheidung vorausgehen. Die Vertreter müssen von den Lehrern gewählt, sie dürfen nicht nur vom Kultusministerium berufen werden.

3. Die Entscheidungskompetenz der Lehrerkonferenzen sollte erweitert werden. Innerhalb der gegebenen Rahmenbedingungen sollte es den einzelnen Schulen freistehen, Ziele, Inhalte und Methoden zu verfolgen, die auf örtliche und situative Gegebenheiten zugeschnitten sind. Dem dient auch die selbständige Entscheidung der Schule, die personelle Arbeitsverteilung und -belastung zu regeln und die Sachmittel zu verwenden. Die Zuweisung von Lehrern muß zwar nach festen Schlüsselzahlen durch die Schulverwaltung vorgenommen werden, ebenso die Zuweisung von Sachmitteln, doch kann die Schule durch Konferenzbeschlüsse den Einsatz der Lehrer und die Verwendung der zur Verfügung stehenden finanziellen Mittel den örtlichen Bedingungen anpassen. Einer Überprüfung durch den Rechnungshof muß sie sich dabei selbstverständlich stellen.

4. Der Schulleiter und dessen Stellvertreter sollten vom Lehrerkollegium, von Schüler- und Elternvertretern gewählt werden.

Die Wahl sollte nur für einen bestimmten Zeitraum erfolgen und die Möglichkeit der Wiederwahl und der vorzeitigen Abberufung enthalten. Nur ein Schulleiter, der vom Vertrauen der an der Schule Beteiligten getragen wird, kann die kollegial getroffenen Entscheidungen der Schul- und Lehrerkonferenz auch verantwortlich gegenüber der Schulbehörde und der Öffentlichkeit vertreten.

5. Die Schulaufsicht sollte vor allem die Funktionen der Beratung, Anregung und Koordination wahrnehmen; allerdings müßte sie auch die Einhaltung der gesetzlich fixierten Mindestbedingungen durch Schulen und Lehrer überwachen und eine Beschwerdeinstanz für die am Schulleben Beteiligten darstellen. Dazu ist es notwendig, daß die Schulaufsicht von fachlich gegliederten Teams durchgeführt wird, damit effektiv beraten und kompetent beurteilt werden kann. Die Schulaufsicht sollte ebenso wie die Schulleitung von den Lehrern beziehungsweise von deren gewählten Vertretern auf Zeit bestellt werden, wobei der Schulbehörde hier ein begrenztes Vetorecht eingeräumt werden müßte. Eine regelmäßige Unterbrechung der Schulaufsichtsfunktion durch eigene Unterrichtstätigkeit wäre wünschenswert, damit der Bezug zur Praxis erhalten bleibt.

Es ist klar, daß diese Forderungen nur einen organisatorischen Rahmen betreffen, der erst mit Inhalten gefüllt werden muß, um wirklich veränderte Arbeitsbedingungen für den Lehrer zu schaffen. Der Rahmen aber ist die Voraussetzung für die Veränderung der Inhalte. Dadurch werden Schulen und einzelne Lehrer erst in die Lage versetzt, die hochgesteckten Bildungsziele Mündigkeit und demokratische Gesinnung mit ihren Schülern zusammen zu erreichen. So wird im Bildungsbericht der Bundesregierung gefordert: „Bildung soll den Menschen befähigen, sein Leben selbst zu gestalten. Heranwachsende Menschen müssen dabei die Möglichkeiten größerer Beweglichkeit und Freiheit erfahren, damit sie für sich selbst sinnvoll zu wählen lernen. Bildung soll durch Lernen und Erleben demokratischer Werte sowie durch Einsicht in die gesellschaftliche Entwicklung und ihre Veränderungen eine dauerhafte Grundlage für freiheitliches Zusammenleben schaffen. Bildung soll Freude an selbständiger schöpferischer Arbeit wecken.“ [154]

Eine Lehrerschaft, die selbst durch eng ausgelegte Regelungen in Inhalten, Verfahren und Organisationsformen für Schule und Unterricht festgelegt ist, deren sogenannte pädagogische Freiheit jederzeit durch neue Erlasse der Schulverwaltung oder direkte

Eingriffe der Schulaufsicht eingeschränkt werden kann und die keine Möglichkeiten der Selbst- und Mitverantwortung hat, dürfte kaum fähig sein, die Schüler Selbstbestimmung, Entscheidungsfähigkeit, demokratisches Bewußtsein und den rechten Gebrauch der Freiheit zu lehren. Die Schüler aber sollen später als Erwachsene den demokratischen Staat tragen, und die Schule sollte sie darauf vorbereiten. Man kann mit Erich Frister zusammenfassen: „Die Demokratisierung der Gesellschaft ist ohne Demokratisierung der Schule nicht möglich.“ [155]

8. Die politische Aufgabe des Lehrers

Durch die Ausführungen im letzten Kapitel wurde wohl bereits deutlich, daß die pädagogische Arbeit des Lehrers gleichzeitig in hohem Maße politisch bedeutsam ist, ob das nun dem Lehrer bewußt ist oder nicht. Wer Politik und schulische Bildung und Erziehung voneinander trennen möchte, beeinflußt – beabsichtigt oder unbeabsichtigt – Kinder politisch, indem er ihnen die Bedeutung der Politik für alle gesellschaftlichen Bereiche, also auch für die Schule, verschweigt. Damit aber werden Kinder und Jugendliche zur politischen Unmündigkeit erzogen, die als Erwachsene die Politik einigen wenigen anderen überlassen, die nicht zur politischen Urteilsfähigkeit gelangen und so leichter manipulierbar werden durch jene, die die Politik „machen". So schreibt Kohl: „Unsere Schulen vermitteln ‚objektives' Wissen und erziehen eben dadurch zur Autoritätsgläubigkeit. Sie lehren, wie man Konflikten ausweicht, und erziehen zum blinden Respekt vor der Tradition im Gewande geschichtlicher Überlieferung. Sie predigen Gleichheit und Demokratie, während sie die Schüler in Unmündigkeit halten und die Lehrer reglementieren."[156]

Es muß jedem Lehrer bewußt sein, daß pädagogische und politische Arbeit untrennbar miteinander verbunden sind. Die politische Wirkung des Lehrers auf seine Schüler geht jedoch weniger von den vermittelten Inhalten aus als von der Art, in der sich kognitives und soziales Lernen vollzieht. Ein Lehrer, der einen im Gemeinschaftskundeunterricht unaufmerksamen Schüler zur Strafe zwei Seiten über die Vorzüge der Demokratie schreiben läßt, bringt diesem wenig über Demokratie bei; er lehrt ihn vielmehr, daß man Vorgesetzten gehorchen muß, daß man Sanktionen zu befürchten hat, wenn man sein Verhalten nicht nach ihren Anordnungen ausrichtet. Läßt ein Lehrer dagegen seine Schüler erfahren, daß die von ihm im Tafelanschrieb oder in einem Arbeitsblatt vorgegebenen Fragen zu einem Stoff bereits die Denkmöglichkeiten der Schüler einschränken, daß andere Fragen oder Zugangsweisen das Problem in einem ganz anderen Licht erscheinen lassen – dabei kann es sich um jedes beliebige Unterrichtsfach handeln – so hat er sehr viel mehr für die Entwicklung der Kritikfähigkeit und Mündigkeit seiner Schüler getan.

Diese Beispiele sollen zeigen, daß die politische Aufgabe des Lehrers nicht mißverstanden werden darf als politische Indoktrination von Kindern und Jugendlichen; allein durch ihr Verhalten gegenüber den Schülern erzeugen Lehrer bei diesen bestimmte politische Einstellungen. Die Lehrer stellen für die Schüler häufig die ersten Repräsentanten der Erwachsenenwelt außerhalb der Familie und damit der Gesellschaft dar. Über die Beziehungen zum Lehrer und zur Schule machen Kinder die ersten – vielleicht prägenden – Erfahrungen mit der Öffentlichkeit, der Bürokratie, dem Staat. Die Angst oder zumindest die unangenehmen Gefühle vieler Erwachsener bei einem Gang zur Schule, beim Besuch des Lehrers ihrer Kinder, aber auch ihre Unsicherheit im Umgang mit Behörden kann ihre Wurzeln in unangenehmen Erfahrungen mit der Schule haben. Der Staat, der eigentlich seinen Bürgern dienen sollte, wird schon in der Schule als autoritär strukturierter Machtapparat erlebt, der Forderungen stellt, dem man gehorchen muß, der Anpassung und Disziplin verlangt; verweigert man dies, wird man entweder mit direkten Sanktionen oder mit dem Entzug von Lebenschancen bestraft. So aber wird die Erziehung von Kindern und Jugendlichen zu mündigen Demokraten in der Schule eher behindert als gefördert.

Gerade in Deutschland wird häufig ein mangelndes Demokratiebewußtsein der Bürger beklagt. Hier müßte die Schule verändernd wirken. Wenn es gelingt, durch Schulreformen mehr Demokratie in der Schule zu erreichen, so könnten dadurch auch notwendige gesellschaftliche Reformen angestoßen werden. Trotzdem darf der einzelne Lehrer, wenn ihm die Zusammenhänge zwischen dem schulischen Lernen der Kinder und dem gesellschaftlichen Bewußtsein der Erwachsenen bekannt sind, nicht auf zukünftige Schulreformen warten, sondern er sollte versuchen, in seiner Klasse eine demokratische Erziehung zu praktizieren und dadurch in Ansätzen eine demokratische Gesinnung bei seinen Schülern zu entwickeln. Wenn ihm das bei den vielleicht dreißig Schülern seiner Klasse gelingt, ist die pädagogische Arbeit des Lehrers sicher nicht sinnlos. Gelingen kann es durch einen schülerorientierten Unterricht, durch die Ermutigung der Schüler zu echten Fragen, durch Verminderung des Leistungsdrucks, durch Projektunterricht und Spielstunden und vieles andere mehr, wie an anderer Stelle bereits aufgezeigt wurde. Eine Resignation auch des politisch bewußten Lehrers vor den alltäglichen Schwierigkeiten und das Warten auf Schulreformen hilft weder seinen Schülern, noch kann es ihm bei seiner Arbeit Befriedigung verschaffen.

So wie die pädagogische Arbeit mit seinen Schülern als gesellschaftlich bedeutsam anzusehen ist, kann der Lehrer auch in der Elternarbeit und am Schulort gleichzeitig pädagogisch und politisch wirken. Wenn es ihm gelingt, die Eltern für seine pädagogischen Ziele und Methoden zu gewinnen, wenn er in Gesprächen Eltern zum Abbau autoritärer Verhaltensweisen gegenüber ihren Kindern bewegen kann oder wenn er durch Öffentlichkeitsarbeit am Schulort mehr Aufgeschlossenheit und Verständnis für veränderte pädagogische Arbeitsformen (z.B. Betriebserkundungen, Gespräche von Schülern mit Arbeitern, Projekte unter Einbeziehung der Öffentlichkeit) erreicht, dann leistet er auch gesellschaftspolitisch wertvolle Arbeit, indem er die Schule öffnet und den Schülern deutlich macht, daß man in der Schule auch fürs Leben Brauchbares lernen kann. Der Lehrer kann Elterninitiativen zum Beispiel zur Durchsetzung der Forderung nach kleineren Klassen, für eine bessere Ausstattung der Schule, für eine Beseitigung eines akuten Lehrermangels u.a. selbst anregen oder sich in ihnen engagieren. Hier bieten sich viele Möglichkeiten der politischen Arbeit im Interesse von Schülern, Eltern und Lehrern an.

Zur Durchsetzung weitergesteckter pädagogischer und bildungspolitischer Ziele ist dem Lehrer die Mitarbeit in Lehrergewerkschaften und Lehrerverbänden zu empfehlen. Neben den Möglichkeiten der eigenen Information über aktuelle Berufsprobleme und der beruflichen Weiterbildung findet der Lehrer hier Gelegenheit, seine Vorstellungen zu artikulieren und in Solidarität mit anderen Kollegen wirksam zur Geltung zu bringen. Ähnliche Möglichkeiten liegen in der Mitgliedschaft von Lehrern in politischen Parteien; hier kann bis hin zu den Parlamenten Einfluß auf die für die Arbeit in der Schule relevante Gesetzgebung ausgeübt werden; doch besteht auch die Gefahr, daß durch interne und überparteiliche Kompromisse die ursprünglichen bildungspolitischen Zielvorstellungen nicht mehr zur Geltung kommen.

Es sollte in diesem Kapitel gezeigt werden, daß auch der Lehrer, der seine pädagogische Arbeit als unpolitische betrachtet, politisch handelt. Für den Lehrer, der sich seiner politischen Aufgabe bewußt ist, gibt es viele Möglichkeiten, im Interesse seiner Schüler zu arbeiten. Der einzelne Lehrer muß entscheiden, auf welcher Ebene er am effektivsten für die Selbständigkeit und Mündigkeit der heranwachsenden Generation und für eine Demokratisierung des Schulwesens wirken kann.

9. Schlußbemerkungen

Man kann als Lehrer den Schulalltag vielleicht bestehen, indem man sich bedingungslos an die gegebenen schulischen Verhältnisse anpaßt und indem man versucht, nicht negativ aufzufallen. Ein Lehrer kann seine berufliche Befriedigung darin finden, daß seine Schüler die ordentlichste Heftführung der ganzen Schule haben, daß sie nicht wagen, einmal ohne Hausaufgaben zur Schule zu kommen, daß der Lärmpegel in der Klasse so gering ist, daß er nicht nach außen dringt. Man ist vielleicht bei Eltern und Schulleitung als guter Lehrer angesehen, weil man regelmäßig die meisten Schüler in weiterführende Schulen „abgeben" kann, weil man mit seinen Schülern die besten sportlichen Ergebnisse bei den Bundesjugendspielen erzielt oder weil die Abiturklasse im Zentralabitur grundsätzlich sehr viel bessere Noten erzielt als im Anmeldezeugnis – weil man ja höhere Anforderungen stellt als andere Lehrer und somit ein guter Lehrer ist. Vielleicht tut es einem Lehrer auch gut, wenn ein ehemaliger Schüler nach Jahren bekennt: „Wenn Sie mich damals nicht so hart angefaßt hätten, wäre ich nicht das geworden, was ich heute bin." – Allerdings melden sich die wegen der Härte des Lehrers gescheiterten Schüler aus verständlichen Gründen meist nicht mehr bei ihm. Teilaspekte des Lehrerberufs werden hier verabsolutiert (Ordnung, Disziplin, Leistung, schulische Karriere) und von manchen Lehrern als Bestätigung ihres Berufsverständnisses aufgefaßt.

Andere Lehrer vernachlässigen ihre schulische Arbeit zugunsten aufwendiger Nebentätigkeiten oder Hobbies. Sie sehen in ihrem Beruf eine lästige Pflicht, die mit möglichst geringem Arbeitsaufwand erledigt wird, jedoch an den freien Nachmittagen und in den Ferien viel Zeit für andere Beschäftigungen läßt. Aus diesen anderen Tätigkeiten gewinnen sie ihren seelischen Ausgleich. Zu dieser Gruppe gehören auch Schulleiter, die ihre berufliche Erfüllung nur noch in Organisation, Repräsentation und Verwaltung sehen und nicht mehr in der pädagogischen Arbeit mit Schülern, aber auch manche Lehrer, die ihre ganze Kraft in verbands- oder parteipolitische Arbeit investieren, hier oft als Experten für Schule und

Unterricht anerkannt sind, sich aber innerlich immer stärker von der Schulpraxis zurückziehen. Auch auf diese Weise kann ein Lehrer seinen Schulalltag bestehen.

An Lehrer, wie sie eben typisierend beschrieben wurden, richtete sich der vorliegende Band nicht. Er wollte sich vielmehr an die Lehrer wenden, die mit der Absicht ihren Schuldienst begonnen haben, für ihre Schüler sinnvolle Arbeit zu leisten, sie partnerschaftlich zu selbständigen Erwachsenen zu erziehen, ihnen bei der Lösung ihrer Probleme zu helfen, und die diese Absicht auch nach etlichen Jahren der Schultätigkeit noch nicht aufgegeben haben. Viele Lehrer leiden darunter, ihre Intentionen in der täglichen Praxis nicht verwirklichen zu können. Die Diskrepanz zwischen pädagogischem Anspruch und schulischer Wirklichkeit, hervorgerufen durch Disziplinprobleme und fehlende Lernmotivation der Schüler, durch Ärger mit den Eltern, Konflikte mit Kollegen und Vorgesetzten, kann eine ernste Beeinträchtigung der psychischen Gesundheit von Lehrern darstellen.

Diesen Lehrern sollte mit dem Buch eine Hilfe gegeben werden. Daß diese Hilfe nur in Form von Anregungen und nicht in direkt anwendbaren Verhaltensanweisungen bestehen konnte, mag manchen Leser enttäuschen, doch sind Rezepte in dem pädagogischen Feld Schule, in dem der Lehrer täglich interagieren muß, unbrauchbar, da sie weder den unterschiedlichen Persönlichkeiten der Lehrer noch den je spezifischen Besonderheiten pädagogischer Situationen und zwischenmenschlicher Beziehungen gerecht werden können. Ein Rat zum Beispiel – wie er mir während meiner Ausbildung an einer Pädagogischen Hochschule gegeben wurde – einen im Musikunterricht störenden Schüler vor die Klasse treten und vorsingen zu lassen, um ihm seine Unsicherheit zu demonstrieren, ist eher geeignet, das Selbstbewußtsein eines Schülers zu zerstören, als Lehrer einen Machtkampf mit ihm auszutragen und damit der Klasse seine Stärke zu demonstrieren, als daß er das pädagogische Klima zwischen Lehrer und Schülern verbessern könnte. Hilfen für den Lehrer konnten daher nur in Anregungen bestehen, in Hinweisen auf Untersuchungen zum Lehrerverhalten, in der Darstellung geglückter Unterrichtsversuche und pädagogischer Modelle, im Aufzeigen von Beziehungsproblemen, ihren Ursachen und Möglichkeiten zu einer Bewältigung. Selbständigkeit, Eigeninitiative und Kreativität des Lehrers sollten dadurch angeregt werden; letztlich aber muß jeder Lehrer seinen Weg zu einer für ihn befriedigenden beruflichen Arbeit finden.

Anmerkungen

[1] P. Bichsel, „Unser Lehrer" aus der Lehrerschule. In: J. Beck, H. Boehncke (Hrsg.), Jahrbuch für Lehrer 1977, Reinbek b. Hamburg 1976, S. 198.
[2] Vgl. W. Hahn, die bildungspolitische Wende zum Jahreswechsel 1975. In: Lehren und Lernen 1 (1975), 3–14, S. 8.
[3] Ebd., S. 14.
[4] Vgl. z. B. A. Combe, Kritik der Lehrerrolle, München 1971, S. 35–48.
[5] Vgl. H.-H. Groothoff, Funktion und Rolle des Erziehers, München [2]1974.
[6] Vgl. Th. W. Adorno, Tabus über dem Lehrerberuf. In: Neue Sammlung 5 (1965), S. 487–498.
[7] Vgl. P. Fürstenau, Neuere Entwicklungen der Bürokratieforschung und das Schulwesen. In: W. Zifreund (Hrsg.), Schulmodelle, programmierte Instruktion und technische Medien, München 1968, S. 30–46.
[8] Vgl. H.-C. Thalmann, Verhaltensstörungen bei Kindern im Grundschulalter, Stuttgart [3]1976.
[9] Vgl. P.-M. Roeder, Sprache, Sozialisation und Schulerfolg. In: b:e tabu, Familienerziehung, Sozialschicht und Schulerfolg, Weinheim 1972, S. 1–20.
[10] Vgl. E. Holling, A. Bammé, Lehrer zwischen Anspruch und Wirklichkeit, Frankfurt a. M. 1976, S. 75ff.
[11] R. Dahrendorf, Homo sociologicus. In: Pfade aus Utopia. München 1967, S. 144.
[12] R. Dahrendorf. In: K. M. Bolte, Sozialer Aufstieg und Abstieg, Stuttgart 1959, S. 26.
[13] F. H. Tenbruck, Zur deutschen Rezeption der Rollenanalyse. In: K.Z.S.S. 1961, H. 1, S. 38.
[14] Vgl. L. Krappmann, Neuere Rollenkonzepte als Erklärungsmöglichkeit für Sozialisationsprozesse. In: b:e tabu, a. a. O., 161–183, S. 170ff.
[15] Vgl. Th. W. Adorno, a. a. O.
[16] Vgl. ebd., S. 491.
[17] Vgl. ebd., S. 492.
[18] Vgl. A. Combe, a. a. O., S. 88.
[19] S. Bernfeld, Sisyphos oder die Grenzen der Erziehung, Frankfurt a. M. 1967, S. 141.
[20] A. Combe, a. a. O., S. 77.
[21] Ebd., S. 66.
[22] Vgl. Th. W. Adorno, a. a. O., S. 492f.
[23] Vgl. P. Fürstenau, Zur Psychoanalyse der Schule als Institution. In: Pädagogisches Zentrum Reihe B, Zur Theorie der Schule, Weinheim 1969, 9–25, S. 11f.
[24] Vgl. P. Posch, Der Lehrermangel, Weinheim 1968, S. 206ff.
[25] H. Pross, Die Frau in der heutigen Gesellschaft. In: Mädchenbildung und Frauenschaften, 1958, S. 492.
[26] Vgl. A. Combe, a. a. O., S. 60ff. und S. 76f.
[27] Vgl. E. Höhn, Die Frau in der modernen Gesellschaft. In: Die Deutsche Schule 51 (1959), S. 257.
[28] Vgl. J. Reyer, Die Barriere zwischen Schule und sozialpädagogischen Institutio-

nen. Gesellschaftliche Ursachen und historischer Wandel. In: K. J. Tillmann (Hrsg.), Sozialpädagogik in der Schule, München 1976, 27–43, S. 36ff.

[29] Verhandlungen über Fragen des höheren Unterrichts, Berlin 4.–17. Dezember 1890, zit. nach J. Reyer, a.a.O., S. 37.

[30] Vgl. Th. W. Adorno, a.a.O., S. 490.

[31] Vgl. ebd., S. 490f.

[32] Vgl. P. Fürstenau, Neuere Entwicklungen, a.a.O.

[33] Vgl. G. Schefer, Das Gesellschaftsbild des Gymnasiallehrers, 1969, S. 36, und H. Horn, Volksschullehrernachwuchs – Untersuchungen zur Quantität und Qualität. Studien zur Päd. Psych. Bd. 4, Frankfurt a.M. 1968, S. 120.

[34] Vgl. U. Undeutsch, Motive zur Wahl und Ablehnung des Volksschullehrerberufs, Frankfurt a.M. 1964, S. 10.

[35] Vgl. A. Combe, a.a.O., S. 33.

[36] Ebd., S. 32ff.

[37] Ebd., S. 33.

[38] Ebd., S. 34.

[39] E. Holling, A. Bammé, a.a.O., S. 46.

[40] Ebd., S. 47.

[41] Ebd., S. 91.

[42] Ebd., S. 92.

[43] Vgl. P. Fürstenau, Zur Psychoanalyse..., a.a.O., S. 15.

[44] E. Holling, A. Bammé, a.a.O., S. 93f.

[45] Vgl. betrifft: erziehung 9 (1976), H. 5: Praxisschock.

[46] Vgl. J. Kob, Das soziale Bewußtsein des Lehrers an Höheren Schulen, Würzburg 1958, S. 30.

[47] M. Jenne, M. Krüger, U. Müller-Plantenberg, Student im Studium, Stuttgart 1969.

[48] betrifft: erziehung 9 (1976), H. 5, S. 33.

[49] Die Beispiele sind dem Vorlesungsverzeichnis der PH Esslingen vom Sommersemester 1976 entnommen.

[50] A. Perlberg, zit. nach K. W. Döring, Lehrerverhalten und Lehrerberuf, Weinheim [5]1973, S. 186.

[51] K. W. Döring, a.a.O., S. 186.

[52] Ebd., S. 187.

[53] Ebd., S. 189.

[54] Ebd., S. 189.

[55] Ebd., S. 192.

[56] Vgl. A. und R. Tausch, Erziehungspsychologie, Göttingen 1973; hier besonders S. 452ff.

[57] Ebd., S. 455.

[58] Der Anfang dieser Entwicklung ist in dem Buch von T. Brocher zu sehen: Gruppendynamik und Erwachsenenbildung, Braunschweig 1967.

[59] J. Fritz, Emanzipatorische Gruppendynamik, München 1974, S. 36.

[60] T. Brocher, a. a. O., S. 32.

[61] J. Fritz, Emanzipatorische Gruppendynamik, a.a.O., S. 37f.

[62] Die folgenden Ausführungen sind vorwiegend bezogen auf J. Fritz, ebd., S. 43–83.

[63] Ebd., S. 84–112.

[64] Der Bericht ist auszugsweise entnommen aus betrifft: erziehung 9 (1976), H. 5, S. 41f.

[65] Vgl. P. Witty, An Analysis of the Personality Traits of the Effective Teacher. In: J. Educ. Research 40 (1947), S. 662–671.

[66] Vgl. H. Ruppert, Soziale Beziehungen und Sozialerziehung in der Schulklasse (II). In: Ganzheitliche Bildung 1959, S. 353–368.

[67] E. Holling, A. Bammé, a.a.O., S. 68.
[68] H.-C. Thalmann, Der schwierige Schüler, Stuttgart 1976, S. 14f.
[69] Vgl. A. u. R. Tausch, a.a.O., S. 171ff.
[70] Vgl. H. Nickel, Stile und Dimensionen des Lehrerverhaltens in der sozialen Interaktion mit Schülern und ihre Bedeutung für Erziehung und Unterricht. In: K. Betzen und K. E. Nipkow, Der Lehrer in Schule und Gesellschaft, München 1971, 140–181, S. 144f.
[71] Ebd., S. 145.
[72] Ebd., S. 147.
[73] Vgl. A. u. R. Tausch, a.a.O., S. 330–388.
[74] Ebd., S. 433–444.
[75] Ebd., S. 308.
[76] Vgl. H. Röhm, Kindliche Aggressivität, Starnberg 1972, S. 111.
[77] Vgl. dazu auch E. Weber, Der Aspekt des Emotionalen in der pädagogischen Stilforschung. In: R. Oerter, E. Weber, Der Aspekt des Emotionalen in Unterricht und Erziehung, Donauwörth 1975, S. 224–244, besonders S. 240ff.
[78] Vgl. betrifft: erziehung 9 (1976), H. 7: Gewalt in der Schule.
[79] Ebd., S. 35.
[80] Vgl. J. Beck, Schule der Angst. In: J. Beck, H. Boehncke, a.a.O., S. 46ff.
[81] Ebd., S. 46f.
[82] Vgl. H. R. Kohl, Antiautoritärer Unterricht in der Schule von heute, Reinbek b. Hamburg 1971, besonders Kap. II: Die Planung des Unterrichts, S. 50–60 und Kap. III: Beispiele freien Unterrichts, S. 64–71.
[83] Ebd., S. 59.
[84] J. Beck, a. a. O., S. 47.
[85] Ebd., S. 47.
[86] Vgl. S. Schneider, Zum Entwicklungsstand der Schülermitverwaltung, und U. Preuß-Lausitz, Emanzipation der Schüler – von der SMV zum Schülerkollektiv. Beides in: V. Lenhart (Hrsg.), Demokratisierung der Schule, Frankfurt a. M. 1972, S. 93–102 u. S. 122–147.
[87] J. Grell, Schulstrafen. In: betrifft: erziehung 8 (1975), H. 11, 30–34, S. 32.
[88] Vgl. H.-C. Thalmann, Der schwierige Schüler, a.a.O., S. 32ff.
[89] Ein ausführliches Beispiel für die Wirkung einer Systemberatung ist der Aufsatz von G. Reichel-Kaczenski: Soziale Beratung in der Schule. In: K. J. Tillmann, a. a. O., 172–191.
[90] R. Fatke, Beratung, Placebo mit Nebenwirkungen. In: betrifft: erziehung 9 (1976), H. 2, 28–32, S. 29.
[91] Vgl. W. Hornstein. In: Funkkolleg Beratung in der Erziehung, Studienbegleitbrief 1, S. 58ff.
[92] Vgl. A. u. R. Tausch, a.a.O., S. 207f. u. S. 210.
[93] Ebd., S. 210.
[94] Vgl. W. Hornstein, a.a.O., S. 54.
[95] Vgl. C. R. Rogers, Lernen in Freiheit. Zur Bildungsreform in Schule und Universität, München 1974.
[96] C. Wulf, Der Lehrer als Berater. In: Funkkolleg Beratung in der Erziehung, Studienbegleitbrief 10, S. 16–17.
[97] Vgl. D. Le Bon, Nicht-direktiver Unterricht. In: Gruppendynamik 3 (1972), S. 343–359; C. Freinet, Die moderne französische Schule, Paderborn 1965; J. Beck, H. Boehncke, a.a.O., S. 202–262.
[98] E. Biermann-Ratjen und J. Eckert, Verhaltensmodifikation – Gesprächspsychotherapie. In: Funkkolleg Beratung in der Erziehung, Studienbegleitbrief 7, S. 25.

[99] Vgl. z.B. G. Bittner, Psychoanalyse und das Handeln des Erziehers, In: Z.f. Päd. 19 (1973), H. 1, S. 77–89.
[100] Auf eine sicher berechtigte Kritik der theoretischen Grundlagen des nicht-direktiven Verfahrens wird im Rahmen dieser Arbeit verzichtet.
[101] R. Mucchielli, Das nicht-direktive Beratungsgespräch, Salzburg ²1972 – Theoretische Einführung S. 9.
[102] Das Beispiel ist konstruiert. Es lehnt sich an die von Mucchielli dargestellten Kategorien möglicher Beraterantworten an.
[103] Vgl. Th. Gordon, Lehrer-Schüler-Konferenz, Hamburg 1977.
[104] Vgl. V. M. Axline, Kinderspieltherapie im nicht-direktiven Verfahren, München 1972, besonders S. 135–152.
[105] Ebd., S. 143.
[106] Das Beispiel ist entnommen aus J. Beck. In: J. Beck, H. Boehncke, a.a.O., S. 202–222.
[107] Folgende Literatur sei empfohlen: C. Freinet, Die moderne französische Schule, Paderborn 1965; C. Hennig, H.-M. Zülch, Konzepte der Freinet-Pädagogik. In: J. Beck, H. Boehncke, a.a.O., S. 233–259.
[108] Vgl. C. Rogers, Lernen in Freiheit, a.a.O., S. 163–165.
[109] Vgl. Th. Gordon, a.a.O., S. 112–127.
[110] Ebd., S. 122.
[111] Ebd., S. 126.
[112] L. Krappmann gebraucht diesen Ausdruck im Zusammenhang mit Spielstunden, deren Konsequenzen nicht auf die Schule übertragen werden. Vgl. L. Krappmann, Soziale Kommunikation und Kooperation im Spiel und ihre Auswirkungen auf das Lernen. In: B. Daublebsky, Spielen in der Schule, Stuttgart ²1974, 190–226, S. 202.
[113] Anstelle eines Hinweises auf umfangreiche Literatur soll nur folgender Titel genannt werden, in dem alle wichtigen theoretischen Spielansätze referiert werden: A. Flitner, Spielen – Lernen, München ²1973.
[114] Vgl. B. Daublebsky, a.a.O., S. 100f.
[115] Die Ausführungen stützen sich vor allem auf folgende Literatur: E. Calliess, Spielen in der Schule – Motivationale Aspekte, und L. Krappmann, Soziale Kommunikation ... Beides in: B. Daublebsky, a.a.O., S. 227–251 u. S. 190–226.
[116] Vgl. B. Daublebsky, a.a.O., S. 115–135.
[117] Vgl. J. Fritz, Gruppendynamisches Training in der Schule, Heidelberg 1975.
[118] Ebd., S. 118f.
[119] Vgl. J. Kob, Erziehung in Elternhaus und Schule, Stuttgart 1963; Kob unterscheidet drei Elterntypen, den mit starkem, mittlerem und schwachem pädagogischem Selbstbewußtsein. Hier soll nur auf die beiden Extreme eingegangen werden.
[120] A. Combe, a.a.O., S. 212.
[121] H. Frohn, Kooperation mit den Eltern: Chance für einen demokratischen Unterricht. In: betrifft: erziehung 5 (1972), H. 1, S. 37.
[122] O. Preuß, Probleme und Möglichkeiten eines veränderten Verhältnisses zwischen Elternhaus und Schule als Aufgabe der Lehrerbildung. In: K. Schleicher, Elternmitsprache und Elternbildung, Düsseldorf 1973, 105–119, S. 117.
[123] Vgl. M. Furian, Praxis der Elternarbeit, Fellbach-Oeffingen 1974, S. 39–65.
[124] initiativgruppe solingen, schule ohne klassenschranken, Reinbek b. Hamburg 1972.
[125] Vgl. F. Wellendorf, Formen der Kooperation von Lehrern in der Schule. In: Pädagogisches Zentrum, Zur Theorie der Schule, Weinheim 1969, 91–113, S. 95ff.
[126] Ebd., S. 94f., E. Holling, A. Bammé, a.a.O., S. 90f. u.a.
[127] F. Wellendorf, ebd., S. 95.
[128] E. Holling, A. Bammé, a.a.O., S. 90.

129 E. Kösel, Sozialformen des Unterrichts. Workshop Schulpädagogik Materialien 4, Ravensburg ³1974.
130 F. Wellendorf, a.a.O., S. 98f.
131 G. Bittner, C. Ertle, V. Schmid, Schule und Unterricht bei verhaltensgestörten Kindern. Deutscher Bildungsrat. Gutachten und Studien der Bildungskommission 35. Sonderpädagogik 4, Stuttgart 1974, 13–102, S. 78.
132 Vgl. R. Bang, Psychologische und methodische Grundlagen der Einzelfallhilfe, Wiesbaden 1963.
133 J. N. Berlin, zit. nach G. Bittner, C. Ertle, V. Schmid, a.a.O., S. 79.
124 Vgl. G. Caplan, The Theory and Practice of Mental Health Consultation, New York: Basic Bks. 1970.
135 Vgl. M. Balint, Der Arzt, sein Patient und die Krankheit, Stuttgart ³1965.
136 Vgl. G. Bittner, C. Ertle, V. Schmid, a.a.O., S. 80.
137 Vgl. u.a. W. Loch, Balint-Seminare: Instrumente zur Diagnostik und Therapie pathogener zwischenmenschlicher Verhaltensmuster. In: Dräger u.a. (Hrsg.), Jahrbuch der Psychoanalyse Bd. VI, 1969; V. Schmid, Fallseminare in der Ausbildung von Lehrern für erziehungsschwierige Kinder (Zur Methodik und Psychologie von Balint-Gruppen). In: Sonderpäd. 1 (1971), S. 134–139 u. 170–174.
138 Vgl. E. Holling, A. Bammé, a.a.O., S. 109–133.
139 H. R. Kohl, a.a.O., S. 95f.
140 L. v. Friedeburg, zit. nach A. Combe, a.a.O., S. 127.
141 H. Heckel, P. Seipp, Schulrechtskunde, Berlin – Neuwied – Darmstadt ³1965, S. 13ff.
142 Vgl. ebd., S. 168.
143 Nach E. Holling, A. Bammé, a.a.O., S. 93.
144 Ebd., S. 91f.
145 Schulgesetz für Baden-Württemberg in der Fassung vom 23. März 1976. Kultus und Unterricht Sonderheft Nr. 3/1976, S. 787ff., § 44 (3).
146 G. Schefer, a.a.O., S. 139.
147 M. Schablow, Lehrer sollten über die Rechtsprobleme an ihrem Arbeitsplatz Bescheid wissen. In: J. Beck, H. Boehncke, a.a.O., 431–437, S. 432.
148 Ebd., S. 434f.
149 Vgl. H. R. Kohl, a.a.O., S. 94–101.
150 Ebd., S. 101.
151 G. Brede, Demokratisierung der Schule. In: V. Lenhart, a.a.O., 89–90, S. 89.
152 W. Hahn, a.a.O., S. 13.
153 Die folgenden Ausführungen beziehen sich vor allem auf: E. Frister, Zur Rolle der Lehrer in einer demokratischen Schule, und G. Brede, Demokratisierung der Schule. Beides in: V. Lenhart, a. a. O., S. 75–88 u. S. 89–90 und GEW Lehrerzeitung Baden-Württemberg – Süddeutsche Schulzeitung 29 (1975), Hefte 3, 4, 5, 8, 10 u. 11.
154 Aus dem Bildungsbericht der Bundesregierung. In: V. Lenhart, a.a.O., 25–31, S. 27.
155 E. Frister, in: V. Lenhart, a.a.O., S. 86.
156 H. R. Kohl, a.a.O., S. 121f.

Literatur

Adorno, Th. W.: Tabus über dem Lehrerberuf. In: Neue Sammlung 5 (1965), S. 487–498.

Axline, V. M.: Kinderspieltherapie im nicht-direktiven Verfahren. München 1972.

Balint, M.: Der Arzt, sein Patient und die Krankheit. Stuttgart ³1965.

Bang, R.: Psychologische und methodische Grundlagen der Einzelfallhilfe. Wiesbaden 1963.

Beck, J., Boehncke, H.: Jahrbuch für Lehrer 1977. Reinbek 1976.

Beckmann, H.-K.: Das Verhältnis von Theorie und Praxis als Kernfrage für eine Reform der Lehrerausbildung. In: Zeitschr. f. Päd., 10. Beih. 1971, S. 167–177.

Bernfeld, S.: Sisyphos oder die Grenzen der Erziehung. Frankfurt a. M. 1967.

betrifft: erziehung 6 (1973), H. 5: Der heimliche Lehrplan.
7 (1974), H. 1: Disziplin und/oder Motivation.
7 (1974), H. 2: Schulkonflikt.
8 (1975), H. 2: Projektorientierter Unterricht.
8 (1975), H. 11: Warum Lehrer strafen.
9 (1976), H. 2: Beratungsboom oder Beratungsnotstand?
9 (1976), H. 5: Praxisschock.
9 (1976), H. 7: Gewalt in der Schule.
10 (1977), H. 1: Lehrerfortbildung.
10 (1977), H. 10: Schule, die Spaß macht.

Betzen, K., Nipkow, K. E.: Der Lehrer in Schule und Gesellschaft. München 1971.

Bittner, G.: Psychoanalyse und das Handeln des Erziehers. In: Zeitschr. f. Päd. 19 (1973), S. 77–89.

Bittner, G., Ertle, C., Schmid, V.: Schule und Unterricht bei verhaltensgestörten Kindern. Deutscher Bildungsrat, Gutachten und Studien der Bildungskommission 35 – Sonderpädagogik 4. Stuttgart 1974, S. 13–102.

Bittner, G., Schäfer, G., Strobel, H.: Spielgruppen als soziale Lernfelder. München 1973.

Bolte, K. M.: Sozialer Aufstieg und Abstieg. Stuttgart 1958.

Bondy, C.: Grundsätzliches zur Psychohygiene des Erziehers. In: Unsere Jugend 17 (1965), S. 195–202.

Brocher, T.: Gruppendynamik und Erwachsenenbildung. Braunschweig 1967.

Caplan, G.: The Theory and Practice of Mental Health Consultation. New York, Basic Bks. 1970.

Combe, A.: Kritik der Lehrerrolle. München 1971.

Dahrendorf, R.: Homo Sociologicus. Köln – Opladen 1961.

Daublebsky, B.: Spielen in der Schule. Stuttgart ²1974.

Döring, K. W.: Lehrerverhalten und Lehrerberuf. Weinheim ⁵1973.

Döring, K. W., Kupffer, H.: Die eindimensionale Schule. Weinheim – Berlin – Basel 1972.

Fend, H. u. a.: Sozialisationseffekte der Schule. Weinheim – Basel 1976.

Flitner A.: Spielen – Lernen. München ²1973.

Flügge, J. (Hrsg.): Zur Pathologie des Unterrichts. Bad Heilbrunn 1970.
Freinet, C.: Die moderne französische Schule. Paderborn 1965.
Freudenreich, D., Gräßer, H., Köberling, J.: Rollenspiel. Hannover 1976.
Frister, E., Jochimsen, L. (Hrsg.): Wie links dürfen Lehrer sein? Reinbek 1972.
Fritz, J.: Emanzipatorische Gruppendynamik. München 1974.
Fritz, J.: Gruppendynamisches Training in der Schule. Heidelberg 1975.
Frohn, H.: Kooperation mit den Eltern: Chance für einen demokratischen Unterricht. In: betrifft: erziehung 5 (1972), H. 1.
Fürstenau, P.: Neuere Entwicklungen der Bürokratieforschung und das Schulwesen. In: W. Zifreund (Hrsg.): Schulmodelle, programmierte Instruktion und technische Medien. München 1968, S. 30–46.
Fürstenau, P.: Zur Psychoanalyse der Schule als Institution. In: Päd. Zentrum, Reihe B: Zur Theorie der Schule. Weinheim 1969, S. 9–25.
Funkkolleg Beratung in der Erziehung, Studienbegleitbriefe 1, 6, 7, 10. Weinheim – Basel 1975/76.
Furian, M.: Praxis der Elternarbeit. Fellbach-Oeffingen 1974.
Gage, N. L. (Hrsg.): Handbook of Research on Teaching. Chicago [5]1967.
Gamm, H.-J.: Kritische Schule. München 1970.
GEW Lehrerzeitung Baden-Württemberg – Süddeutsche Schulzeitung 29 (1975), Hefte 3, 4, 5, 8, 10, 11.
Glaser, H.: Team-Teaching – konkret. Freiburg i. Br. 1969.
Gordon, Th.: Lehrer-Schüler-Konferenz. Hamburg 1977.
Hahn, W.: Die bildungspolitische Wende zum Jahreswechsel 1975. In: Lehren und Lernen 1 (1975), S. 3–14.
Groothoff, H.-H.: Funktion und Rolle des Erziehers. München [2]1974.
Heckel, H., Seipp, P.: Schulrechtskunde. Berlin – Neuwied [3]1965.
Hentig, H. von: Die politische Rolle des Lehrers. In: Neue Sammlung 5 (1965), S. 498–520.
Höhn, E.: Die Frau in der modernen Gesellschaft. In: Die Deutsche Schule 51 (1959).
Holling, E., Bammé, A.: Lehrer zwischen Anspruch und Wirklichkeit. Frankfurt a. M. 1976.
Horn, H.: Volksschullehrernachwuchs – Untersuchungen zur Quantität und Qualität. Studien zur Päd. Psychologie, Bd. 4. Frankfurt a. M. 1968.
initiativgruppe solingen: schule ohne klassenschranken. Reinbek 1972.
Jenne, M., Krüger, M., Müller-Plantenberg, U.: Student im Studium. Stuttgart 1969.
Junker, H.: Konfliktberatung in der Schule. München 1976.
Klink, J.-G.: Klasse H 7 E. Bad Heilbrunn [2]1974.
Kob, J.: Erziehung in Elternhaus und Schule. Stuttgart 1963.
Kob, J.: Das soziale Berufsbewußtsein des Lehrers der Höheren Schule. Würzburg 1958.
Kochan, B. (Hrsg.): Rollenspiel als Methode sprachlichen und sozialen Lernens. Kronberg (Ts.) 1974.
Kösel, E.: Sozialformen des Unterrichts. Workshop Schulpädagogik Materialien 4. Ravensburg [3]1974.
Kohl, H. R.: Antiautoritärer Unterricht in der Schule von heute. Reinbek 1971.
Krappmann, L.: Neuere Rollenkonzepte als Erklärungsmöglichkeit für Sozialisationsprozesse. In: b:e tabu: Familienerziehung, Sozialschicht und Schulerfolg. Weinheim 1972, S. 1–20.
Krumm, V., Vollmer, D.: Einstellungen zukünftiger Gymnasiallehrer zur Pädagogik im Universitätsstudium. In: Päd. Rundschau 1970, S. 439–456.
Kuhlmann, H.: Klassengemeinschaft. Berlin 1975.
Le Bon, D.: Nicht-direktiver Unterricht. In: Gruppendynamik 3 (1972), S. 343–359.

Lenhart, V. (Hrsg.): Demokratisierung der Schule. Frankfurt a.M. 1972.
Loch, W.: Balint-Seminare: Instrumente zur Diagnostik und Therapie pathogener zwischenmenschlicher Verhaltensmuster. In: Jahrbuch der Psychoanalyse Bd. VI. Bern – Stuttgart 1969.
Luft, J.: Einführung in die Gruppendynamik. Stuttgart 1973.
Mucchielli, R.: Das nicht-direktive Beratungsgespräch. Salzburg ²1972.
Nevermann, K.: Die Schule im Rechtsstaat. Bericht über die Verhandlungen der Abteilung „Schule im Rechtsstaat" des 51. Deutschen Juristentages, Stuttgart 1976. In: Zeitschr. f. Päd. 23 (1977), S. 119–128.
Oerter, R., Weber, E.: Der Aspekt des Emotionalen in Unterricht und Erziehung. Donauwörth 1975.
Popp, W.: Die Disponibilität des Lehrers. In: G. Dohmen, F. Maurer: Unterricht. München 1968, S. 152–166.
Posch, P.: Der Lehrermangel. Weinheim – Berlin 1967.
Preuß, O.: Probleme und Möglichkeiten eines veränderten Verhältnisses zwischen Elternhaus und Schule als Aufgabe der Lehrerbildung. In: K. Schleicher (Hrsg.): Elternmitsprache und Elternbildung. Düsseldorf 1973, S. 105–119.
Pross, H.: Die Frau in der heutigen Gesellschaft. In: Mädchenbildung und Frauenschaften 1958.
Reichel-Kaczenski, G.: Soziale Beratung in der Schule. In: K.-J. Tillmann (Hrsg.): Sozialpädagogik in der Schule. München 1976, S. 172–191.
Reyer, J.: Die Barriere zwischen Schule und sozialpädagogischen Institutionen. Gesellschaftliche Ursachen und historischer Wandel. In: K.-J. Tillmann: Sozialpädagogik in der Schule. München 1976, S. 27–43.
Roeder, P.-M.: Sprache, Sozialisation und Schulerfolg. In: b:e tabu: Familienerziehung, Sozialschicht und Schulerfolg. Weinheim 1972, S. 1–20.
Röhm, H.: Kindliche Aggressivität. Starnberg 1972.
Rogers, C. R.: Lernen in Freiheit – Zur Bildungsreform in Schule und Universität. München 1974.
Rogers, C. R.: Die nicht-direktive Beratung. München 1972.
Rückriem, N.: Disziplin in der Schule. Freiburg i. Br. 1975.
Ruppert, H.: Soziale Beziehungen und Sozialerziehung in der Schulklasse (II). In: Ganzheitliche Bildung 1959, S. 353–368.
Schefer, G.: Das Gesellschaftsbild des Gymnasiallehrers. Eine Bewußtseinsanalyse des deutschen Studienrats. Frankfurt a.M. 1969.
Schmid, V.: Fallseminare in der Ausbildung von Lehrern für erziehungsschwierige Kinder (Zur Methodik und Psychologie von Balint-Gruppen). In: Sonderpäd. 1 (1971), S. 134–139 u. S. 170–174.
Schulgesetz für Baden-Württemberg in der Fassung vom 23. März 1976. Kultus und Unterricht. Sonderheft Nr. 3/1976, S. 787ff.
Schwäbisch, L., Siems, M.: Anleitung zum sozialen Lernen für Paare, Gruppen und Erzieher. Reinbek 1974.
Spangenberg, K.: Chancen der Gruppenpädagogik. Gruppendynamische Modelle für Erziehung und Unterricht. Weinheim – Berlin 1968.
Tausch, A. u. R.: Erziehungspsychologie. Göttingen ⁷1973.
Tenbruck, F. H.: Zur deutschen Rezeption der Rollenanalyse. In: K.Z.S.S. 1961, H. 1.
Thalmann, H.-C.: Verhaltensstörungen bei Kindern im Grundschulalter. Stuttgart ³1976.
Thalmann, H.-C.: Der schwierige Schüler. Stuttgart 1976.
Ulich, D.: Gruppendynamik in der Schulklasse. München ⁴1974.
Undeutsch, U.: Motive der Abiturienten für die Wahl oder Ablehnung des Volksschullehrerberufs. Frankfurt a.M. 1964.

Wagner, A.: Mikroanalyse statt Microteaching. In: Zeitschr. f. Päd. 19 (1973), S. 303–308.

Walz, U.: Gruppenpädagogische Prinzipien im Unterricht. In: Westermanns Päd. Beiträge 1967, H. 11.

Warns, E.: Die spielende Klasse. Wuppertal 1976.

Wellendorf, F.: Formen der Kooperation von Lehrern in der Schule. In: Päd. Zentrum, Reihe B: Zur Theorie der Schule. Weinheim 1969, S. 91–113.

Wellendorf, F.: Schulische Sozialisation und Identität. Weinheim – Basel 1973.

Witty, P.: An Analysis of the Personality Traits of the Effective Teacher. In: Journ. Educ. Research 40 (1947), S. 662–671.

Zeitschr. f. Päd. 20 (1974), H. 2: Unterrichtstechnologie – Lehrerbildung.
20 (1974), H. 6: Mitbestimmung im Schulwesen.
21 (1975), H. 3: Spiel.
22 (1976), H. 5: Beratung in der Erziehung.
22 (1976), H. 6: Kommunikation und Organisation im Unterricht.

Zifreund, W.: Training des Lehrerverhaltens mit Fernsehaufzeichnungen. In: betrifft: erziehung 3 (1970), H. 6, S. 15–19.

Gerhard Melzer
Sozialisation in der Schule

Band 9040   144 Seiten

Jugendkriminalität, Drogenwelle, zunehmende Neurotisierung, Lernstörungen und Aggressivität in der jungen Generation sind alarmierende Zeichen. Versagt das Elternhaus, die Schule, die Gesellschaft? Ist Ideologisierung das Rezept? Was ist zu tun?
In der Vergangenheit konzentrierte sich die Schule auf ihren Bildungsauftrag, vorab auf die Wissensvermittlung. Heute wird die Verpflichtung der Schule zur Sozialerziehung, zu einer Sozialisationspädagogik, in aller Deutlichkeit gesehen. Doch ist die Lehrerschaft darauf vorbereitet? Verfügt sie über das notwendige sozialpädagogische Wissen? Dieses Taschenbuch möchte einem offensichtlichen Ausbildungsmangel abhelfen. Der Autor entwickelt ein praktikables Konzept für eine wirksame Sozialerziehung im Unterricht mit dem Ziel, Lern- und Verhaltensstörungen zu beseitigen, Aggressivitäten schrittweise abzubauen und Kooperationsfähigkeit einzuüben.
Ein erprobter, erfolgversprechender Vorschlag, die Jugendkrise von der Schule aus zu überwinden.

in der Herderbücherei